www.tredition.de

AF185452

Josef Hülkenberg

Zukunftsbeben Corona – was nun?

Reflektierend in eine fragwürdige Zukunft

© 2020 Josef Hülkenberg
Umschlag, Illustration: Josef Hülkenberg
Lektorat, Korrektorat: Agnes Böing

Verlag & Druck: tredition GmbH, Halenreie 40-44, 22359 Hamburg

ISBN
(Paperback)   978-3-7469-5649-7
(Hardcover)   978-3-7469-5650-3
(e-Book)   978-3-7469-5651-0

Wenn Du das Leben begreifen willst,

glaube nicht einfach, was man sagt

und was man schreibt,

sondern beobachte selbst

und denke nach.

Anton Tschechow (1860-1904), russischer Schriftsteller

Inhaltsverzeichnis

Einführung

Die Programmplanungen hatten gerade erst begonnen, als sich das Zukunftsbeben ankündigte und der Lockdown auch die Bildungshäuser lahmlegte.

Zukunftsbeben – ein Ereignis, diesmal eine Pandemie, nahm seinen Lauf mit der Kraft, die Entwicklung des Weltgeschehens dauerhaft zu verändern.

Schon angekündigte Seminare wurden auf Eis gelegt, Termine für den Herbst 2020 nur unter Vorbehalt abgesprochen. Darunter waren auch die Anfragen zu Vortrag und Salongespräch „Neue Normalität nach Corona?".

Derartig eingestimmt nahm ich meine Rolle ein als Beobachter gesellschaftlicher Entwicklungen unter spezifischen Fragen:
- Wird es eine „neue Normalität" geben?
- Was wird als „neue Normalität" gesehen?
- Zu welchen Einsichten führt uns die zeitlich nicht kalkulierbare Pandemie?
- Wie werden wir Bürger die drastischen Einschränkungen unseres Alltagslebens hinnehmen und verarbeiten?
- Welche Zukunftswünsche treten auf?

Wir stehen vor einer fragwürdigen Zukunft. Bedroht durch ein neues, unkontrolliertes Virus tritt ihre Ungewissheit deutlicher hervor. Diese Zukunft ist jeder Fragestellung würdig. Die Pandemie hat unser allgemeines Lebensrisiko um eine weitere Dimension erweitert. Das Virus ist in der Welt, Mutationen sind jederzeit möglich. Wie werden wir diese zusätzliche Bedrohung in das individuelle und gesellschaftliche Leben integrieren? Welche politischen Entscheidungen sollen dieser neuen Situation gerecht werden? Entscheidungen, die alle Beteiligten des Gemeinwesens binden. Wollen wir, und wenn JA, wie wollen und können wir Einfluss nehmen auf diese Entscheidungen?

Wer heute noch sagt: „Politik interessiert mich nicht!" sollte morgen nicht sagen: „Das konnte ja niemand kommen sehen." Die Bewältigung der aktuellen Pandemie ist mehr als eine medizinische Aufgabenstellung. Sie stellt unser gesamtes modernes Lebensmodell infrage. Sie ist eine Anforderung, der wir uns zu stellen haben und deren Folgen wir noch lange im sozialen Miteinander, in der Wirtschaftsentwicklung und in eingeschränkter politischer Handlungsfähigkeit aufgrund der hohen Neuverschuldung spüren werden.

Moderne Medien schaffen Zugänge zu einer Informationsmenge, die selbst von darauf trainierten Wissenschaftlern kaum mehr zu bewältigen ist. Üblicherweise behelfen wir uns damit, nur den uns subjektiv wichtigen Informationen Aufmerksamkeit zu schenken. Dieser im Prinzip sinnvolle Schritt enthält allerdings die Gefahr, dass wir uns in eine sich selbst verstärkende Meinungsblase verfangen, nach und nach unsere Weltsicht verengen und eine restriktive Weltanschauung vertreten.

Dieser Gefahr können wir entgehen, indem wir uns immer wieder der Tatsache stellen, dass all unser Wissen, all unsere Einsichten nur fragmentarisch sind – Bruchstücke, die sich jederzeit verändern, ergänzen oder wegfallen können. Selbst die Gesamtheit unseres je fragmentarischen Wissens und aller Einsichten ist ein Bruchteil gemessen am Ozean unseres Nichtwissens.

Im Mosaik eigener und fremder Wissensfelder, eigener und fremder Einsichten lassen sich Muster entdecken, die uns zur Orientierung dienen.

Unsere zum Glück offene Gesellschaft, plural in Wertekonzepten, ethnischen Varianten und politischen Interessen, erweist sich zum Zerreißen gespannt. Unterschiedliche, oftmals sich massiv widersprechende Interessen und Grundansichten bestimmen Alltag, öffentlichen Diskurs und politische Debatten.

Im Hintergrund der vielfachen, strittigen Sachfragen werden methodische Probleme immer deutlicher:

- Wie kann man sich auf sachgerechte und ethisch verantwortbare Entscheidungen einigen, wenn jeder andere Interessen, Pläne und Ziele verfolgt?
- Reicht dann die Macht einer relativen Mehrheit zur tragfähigen Entscheidung? Zu einer Entscheidung, die dann auch von allen mitgetragen wird?
- Werden die in der Abstimmung Unterlegenen ihre eigenen Interessen und Pläne aufgeben, oder werden sie danach streben, ihre Macht zu erweitern, um mit neuer Mehrheit dann nach den eigenen Plänen zu handeln?

Dieses methodische Dilemma hat das Potenzial, die bislang entwickelte demokratische Kultur zu zerstören. Es zu lösen, bringt diese Kultur aber um wesentliche Schritte auf echte Demokratie voran. Solche Dilemmata löst man nicht im Hau-Ruck. Sie verlangen geduldiges, kraftvolles Engagement. Das eigene, wie das gesellschaftliche Leben reflektierend können wir diese Aufgabe gemeinsam meistern.

Sie, liebe Leserin, lieber Leser, lade ich ein zu gedanklichen Spaziergängen entlang coronabedingter Krisenerscheinungen. Es wird keine wissenschaftliche Analyse, sondern eine auf die Zukunft ausgerichtete Betrachtung von Phänomenen, Handlungsmöglichkeiten und Ressourcen. Solcher Spaziergang entlang einer TIMELINE ähnelt einer Stadtführung, bei der selbst vermeintlich Bekanntes immer wieder neu beleuchtet wird. Dabei werden Handlungsmuster erkennbar. Muster[1], wie wir mit der Krise umgehen, aber auch Muster, wie wir die Folgen der Krise gesellschaftlich bewältigen können. Fragmentarische Erkenntnisse und Informationen lassen sich wie im Mosaik zuordnen, um neue oder tiefere Orientierung zu geben und zum zielorientierten Handeln zu führen.

---

[1] *zur Bedeutung der Muster und ihrer Erkennung siehe: Josef Hülkenberg, Nur mal angenommen... Demokratie ginge anders, tradition Hamburg, 2015,Seite 116 – im weiteren abgekürzt: Nur mal angenommen*

Im choreographischen Zusammenspiel unterschiedlicher Denkansätze und Methoden entsteht ein Weg, in bewusster Reflexion solcher Muster unseren gesellschaftlichen Lebensstil auf eine naturverträgliche und nachhaltige Lebensform anzupassen. Diese Anpassung kann sogar auf Basis demokratischer Entscheidungen und breiter Akzeptanz geschehen.

Eine Krise namens Corona

Wenn uns die ach so gern verdrängte Fragilität und Unsicherheit des Lebens aus liebgewordenem Alltag wirft, sprechen wir schnell von Krisen.

Der Ausnahmezustand, hervorgerufen durch die Corona-Pandemie, löste nicht nur Ängste aus um Gesundheit und Leben, sondern ebenso um den Erhalt des Wohlstands und des bisherigen Lebensstils. Ängste auch um den Bestand geschichtlich erkämpfter demokratischer Rechte und Strukturen. Zudem sorgten sich Menschen um die Freiheit des wirtschaftlichen Wettbewerbs. Noch bevor die Wirkung der beschlossenen Maßnahmen sorgfältig überprüft werden konnte, wurden Rufe laut nach einer „Exit-Strategie". Gleichzeitig verwiesen nachdenkliche Stimmen auf die Chancen, nun endlich Wirtschaftsprozesse an die Gemeinwohlorientierung zu binden, soziale Gerechtigkeit durch längst geforderte Verteilungsstrukturen wie Vermögenssteuer, Transaktionssteuer oder Grundeinkommen zu fördern oder die im Konzept der globalisierungsentgrenzten Wirtschaftsabläufe dezentral neu zu verankern.

Die gesellschaftliche Ruhepause schuf Raum, über das zwischenmenschliche Miteinander in regionalen, nationalen oder supranationalen Dimensionen nachzudenken. So führte die Corona-Krise die Abhängigkeit des Homo Sapiens als Teil unseres regionalen Ökosystems als auch der weltumspannenden Biosphäre neu vor Augen. Nach und nach schwindet der Druck, den die Epidemiegefahr auf das gesellschaftliche Leben auslöst.

Endlich! Mai 2020 – der Lockdown wurde gelockert. Händler, Museen, Friseure, Kirchen und viele andere mehr durften für ihre Angebote wieder öffnen. Die unselige Verbannung der Kinder von Spielplätzen, aus Kitas und Schulen findet schrittweise ihr Ende. Noch gelten Auflagen, doch auch die werden nach und nach zurückgenommen.

Allzu streng haben wir es häufig ohnehin nicht genommen. Bei Spaziergängen in Wäldern und Parks drängten sich schon Fragen auf: „Seit wann haben so viele Kleinkinder betagte Eltern?", „Leben in unserer Stadt tatsächlich so viele Großfamilien in einem Haushalt?" oder „Wie variabel ist eigentlich 1,50 m?".

Die gelebten Abweichungen von den Vorschriften schlugen sich zum Glück nicht in der Corona-Statistik nieder – so schufen sie Raum für die Lockerungen. Die Abweichler, die Unduldsamen, die Ungehorsamen und Widerspenstigen halten wieder einmal die Freiheitssehnsucht wach. Auch ihnen gebührt es zu gratulieren.

Doch jede, auch die zurückgewonnene Freiheit hat ihren Preis und der heißt: Mitverantwortung! Nun gilt es nicht mehr, gehorsam bis untertänig den Anweisungen von Vater Staat oder Mutter Kirche zu folgen. Uns wächst so wieder die schwere Verantwortung zu, durch eigenes Verhalten die Pandemie unter Kontrolle zu halten – bis eines Tages Impfstoffe und Medikamente diese Verantwortung erleichtern. Abseits vom betreuten Denken haben wir selbst zu klären:

• Wann und wieweit kann ich Besuche bei Verwandten und Freunden verantworten?
• Wie nahe wollen wir uns kommen?
• Wie halten wir es demnächst mit Kneipengängen, Theater-, Kino- oder Stadionbesuchen?

Nicht alles Erlaubte ist auch gut für uns und die Mitmenschen – da gilt es abzuwägen. Diese Einsicht des längst verstorbenen Apostel Paulus gilt eh und je, auch nach fast 2000 Jahren.

Wie schnell absorbieren wir das „Abenteuer Corona" und fliehen zurück in eine vermeintliche frühere Normalität? Vielleicht suchen wir dabei sogar alles nachzuholen, was uns zwischenzeitlich entging. Vielleicht aber halten sich noch Stimmungen und Einsichten des grundlegenden Wandels unserer Lebensart, um neuen Krisen die Schärfe zu nehmen. Die Reflexion der Pandemie und ihrer gesellschaftlichen Wirkungen kann Wege aufweisen, ein neues gesellschaftliches Miteinander zu entwickeln.

Wir können die Pandemie durchstehen, unsere Bewegungs- und Kontaktfreiheit zurückgewinnen und die Zukunft mit neuen Erfahrungen gestalten, sobald wir unseren Preis der klugen Mitverantwortung zahlen.

Das geschieht nicht von heute auf morgen. Es wird ein anstrengender Weg. Es dauert sehr lange, bis verschiedene Erfahrungen sich zu Einsichten und neuem Verhalten verdichtet haben. Es ist unsere Entscheidung, ob wir diesen Weg für ein humanes, naturverträgliches Miteinander auf uns nehmen.

Wieder zerfällt ein Weltbild

Es gehört wohl zum Menschsein, hebt es uns doch von den Tieren ab: unsere Gedanken gehen immer wieder über die Alltagsdinge und ihren Banalitäten hinaus. Sobald der Alltag uns etwas Zeit lässt und wir den Kopf frei haben nachzudenken, sinnieren wir: über das Leben, die Welt im Allgemeinen und was Gott, Göttinnen oder wer sonst die Welt beherrscht, mit uns vorhaben. Immerhin sind wir mit Fähigkeiten ausgestattet, die uns Fragen und Denken ermöglichen und erlauben. Vielleicht sind wir nicht alle Vor-Denker, aber auch Nach-Denken fordert uns Einiges ab, soll es nicht zum Nachplappern verkommen. Wir tauschen unsere Gedanken mit den Mitmenschen aus und stellen fest, wie gemeinsam getragene Überlegungen dem sozialen Miteinander Struktur und Sicherheit geben. Manchmal sind wir offen und aufgeschlossen für neue Überlegungen und Einsichten, manchmal suchen wir Sicherheit vor fremdem Gedankengut. Die Geschichte der Menschheit ist ein ständiges Ringen zwischen diesen Polen. Auf den Kampfplätzen des Denkens haben nicht unbedingt die „richtigen" Ideen gewonnen, sondern vor allem die machtvolleren. Was „richtig" war, erwies sich erst weit später im Zusammenleben der Menschen.

Weltbilder, seien sie naturwissenschaftlich, ethisch, religiös oder gar spirituell verankert, geben uns Orientierungs- und Handlungsrahmen für unser Leben. Heikel wird es, wenn jemand mit seinen Ansichten oder gar seiner Lebensweise diesen Orientierungsrahmen gründlich infrage stellt. Dann wird schon mal Sokrates zum Giftbecher verurteilt, der Nazarener gekreuzigt oder dem Galileo der Prozess gemacht. Heute gehen wir mit Querdenkern scheinbar humaner um. Sie werden „nur" gemobbt, mit Shitstorms belegt, verächtlich gemacht und sozial geächtet. Der eigenen Verunsicherung suchen wir häufig zu entgehen, indem wir das alte Kinder-Versteckspiel nachahmen: solange ich mir die Augen zuhalte, sieht mich keiner!

Damit verhindern wir allerdings nicht, dass irgendwann nicht mehr Gedankenspiele, sondern Ereignisse uns die Hände vom Gesicht reißen. Dann ist „plötzlich" die Erde keine Scheibe mehr oder der Mittelpunkt des Universums. Dann zerplatzt der Mythos des Menschen als Krone der Schöpfung und wir erkennen uns als die aggressivste Lebensform auf dem Planeten. Ausgerechnet ein Virus namens Corona (lat. für Krone) schlägt uns aktuell wieder einmal die Schöpferkrone um die Ohren.

Die Mythen einer besseren Zukunft können wie Seifenblasen platzen oder eingehen, weil wir als „göttlicher Ingenieur" uns immer wieder zu Zwischenlösungen verlocken lassen, die sich in der Folge als noch größere Probleme erweisen.[2]

Noam Chomsky, (*1928) Linguist und einer der einflussreichsten Intellektuellen der USA, beschrieb 2017 den Untergang des amerikanischen Traums vom freien Land. Einem Land unbegrenzter Möglichkeiten zu individuellem Aufstieg, zu Wohlstand und Privilegien, zu sozialer Mobilität in Freiheit und Unabhängigkeit. Chomsky begründete das Scheitern dieses Traumes an der unge-

---

[2] *Jacques Neirynck, Der göttliche Ingenieur – Die Evolution der Technik, Lausanne 1986, dt. Renningen 1994*

lösten Konzentration von Reichtum und Macht und dem Mangel an Visionen:

„Die Great Depression, die schwere Wirtschaftskrise der 1930er-Jahre in den USA, die ich selbst noch miterlebt habe, war eine harte Zeit – subjektiv gesehen viel härter als die heutige. Aber es herrschte das Gefühl vor, irgendwie auch wieder da raus zu kommen, die Erwartung, es werde irgendwann schon wieder besser:»Heute haben wir vielleicht keine Arbeit, aber morgen ganz bestimmt, und gemeinsam können wir an einer besseren Zukunft arbeiten.« Politischer Radikalismus hatte Hochkonjunktur und nährte die Hoffnung auf eine bessere Zukunft – eine, in der mehr Gerechtigkeit, Gleichheit und Freiheit die repressiven Klassenstrukturen aufbrechen würden.»Irgendwie wird es vorangehen«, dachten alle.

Auch in meiner Familie gehörten viele zur Arbeiterklasse und hatten keinen Job. Aber die Gewerkschaftsbewegung war im Aufschwung, Ausdruck und Quelle von Optimismus und Hoffnung zugleich. Und das fehlt heute.»Nichts wird mehr, wie es mal war«, das ist heute die Stimmung – es ist aus und vorbei."[3]

Als der Journalist Gabor Steingart 2011 seinen „Nachruf auf unser Leben, wie es bisher war" veröffentlichte, stand die uns so lieb gewordene, gesellschaftliche Normalität schon längst auf der Kippe. Nach seiner Vorstellung führten uns das Weltfinanzbeben (2008) und die Kernschmelze im japanischen Fukushima (2011) zum Ende der Normalität.[4]

Warnungen, der von den Bewohnern der Industrieländer vorrangig betriebene Lebensstil schädige die weltweiten Ökosysteme, zerstöre die soziale Balance zwischen den Ländern und in den Ländern und gefährde sogar die eigenen Lebensgrundlagen, füllen längst Buchregale und Mediatheken. Ebenfalls schrieben zahlreiche Autoren Konzepte für die überfällige „Wende der Titanic"[5]. Aktivisten in zahllosen Projekten schufen Blaupausen für eine natur-

---

[3] *Noam Chomsky, Requiem für den amerikanischen Traum, München 2017, S. 9*
[4] *Gabor Steingart, Das Ende der Normalität, Piper München, 2011*
[5] *Herbert Rauch, Alfred Strigl, Die Wende der Titanic – Wiener Deklaration für eine zukunftsfähige Weltordnung, oekom München, 2005*

verträgliche, sozial akzeptable und kulturell befriedigende Lebensweise.

Doch die Verdrängungskraft weiter Bevölkerungsteile und die Ignoranz mächtiger Interessengruppen sorgten dafür, dass die „Titanic" auf Kurs blieb. Weltweit verstreute Kriege, die Papst Franziskus als „Dritten Weltkrieg" brandmarkte, mehrfache weltumspannende Krisen der herrschenden Finanz- und Wirtschaftssysteme, Zusammenbrüche von Versorgungssystemen reichten nicht zur umfassenden Besinnung und Neuorientierung.

In der Zeit von James Dean ließ sich noch sagen: „Denn sie wissen nicht, was sie tun". Für unsere Gesellschaften gilt längst: „Denn sie tun nicht, was sie wissen."

Um die Muster des derzeitigen politischen Handelns zu verstehen, lohnt eine mentale Distanz zur aktuellen Informations- und Meinungsflut. Erinnern Sie sich noch an den Club of Rome mit seinem Bericht über die Grenzen des Wachstums? Oder an Heinz Haber (1913-1990) und Hoimar von Ditfurth (1921-1989), die schon vor Jahrzehnten noch heute wichtige wissenschaftliche Erkenntnisse in eigenen TV-Sendungen leicht verständlich erklärten? Ihre damaligen Beiträge wirken nun wie Prophezeiungen heutiger Zustände. Doch offenbaren sie auch Hinweise auf die Bewältigung jener Herausforderungen, die nach einem Exit aus den derzeitigen Beschränkungen wieder – oder besser noch weiterhin – auf der Agenda stehen.

Wie werden wir mit dem Coronavirus, wie mit dessen uns noch unbekannten Kollegen zu leben lernen? Wie mit den vermuteten 1,5 Millionen Virenarten in der Biosphäre? Denn sie sind in der Welt, sie bleiben! Unsere derzeitige Lebensweise, vor allem in den Industrieländern, unser Umgang mit der Natur, eröffnet neuen Krisen immer wieder die Türen.

Homo Sapiens erfährt seine Grenze

Die Corona-Pandemie stellt unser gesellschaftliches Wertesystem brachial infrage. Der Homo Sapiens schwang sich auf zum Herrn und Herrscher über Natur und Biosphäre. Wissenschaftler sprechen seit einigen Jahren mal stolz, mal warnend vom Anthropozän. Gemeint ist damit, dass das Verhalten der Gattung Mensch für Zukunft und Existenz des Planeten Erde entscheidend geworden ist.

Nun kommt ein kronenartiges Virus daher und erzwingt drastisch unsere Einsicht, dass wir doch Teil von Natur und Biosphäre sind. So stehen wir am Scheideweg. Stellen wir uns weiterhin ein auf einen Kampf um die Beherrschung der Natur oder schließen wir Frieden, und fügen uns in die angestammte Rolle der Kreatur? Antike Mythen unterschiedlicher Kulturen und biblische Reflexionen beschreiben die Menschen als Teil der Schöpfung, Kreatur und zugleich herausgehoben als der Schöpfung Hirte und Hüter.

Die dennoch über Jahrtausende kulturell gepflegte Illusion von der Herrschaft über die Schöpfung erfährt durch die Pandemie einen herben, tödlichen Dämpfer. Nur die radikale Änderung unseres Lebensstils kann eine Menschheitskatastrophe abwenden. Quarantäne und staatlich verordnete Beschränkungen von Versammlungen, öffentlichen Veranstaltungen und Reisen wirken auf diese Verhaltensänderung hin. Physische Distanz der Menschen zueinander und eine konsequente Hygiene sind längst das Gebot der Stunde. Europäische Staaten und einzelne deutsche Städte verhängten Ausgehverbote, um Menschenansammlungen zu verhindern, die dem Virus zu seiner Verbreitung nutzen. Dabei nehmen die Politiker und Krisenmanager die Einschränkung und Aussetzung anerkannter und verfassungsrechtlich geschützter Bürger- und Menschenrechte in Kauf. Kulturbetriebe, Schulen und Kindertagesstätten wurden geschlossen, Veranstaltungen in Bildungseinrichtungen verboten, Gremien vertagten sich oder wurden abgesagt, ganze Wirtschaftszweige wurden gedrosselt und gerieten an den Rand der Existenz. Ein Blick über den Atlantik zu den USA oder Brasilien zeigen die Folgen miserablen politischen Managements.

Um Erhalt des Lebens und der Gesundheitsinfrastruktur willen nimmt die Mehrheit der Bevölkerung diese Einschränkung an und akzeptiert die häusliche Isolation. Moderne digitale Technik erlaubt, Kontakt mit der Außenwelt zu halten und die „Welt ins Haus" zu holen. Auch wenn die auf der Welt verteilten Server unter der rasant ansteigenden Datenverarbeitung durch Stream-Dienste im Internet ächzen und an die Grenzen der Kapazität kommen, bringen sie uns auch Nachrichten über positive Folgen der erzwungenen gesellschaftlichen Entschleunigung. In der Mehrzahl der von der Pandemie betroffenen Länder konnte der exponentielle Anstieg der Infektionen durch Lockdown-Maßnahmen gebrochen werden.

Satellitenbilder belegen den Rückgang des Smog über chinesischen und italienischen Industrieregionen und Ballungszentren. Die stinkende Brühe in Venedigs Kanälen regeneriert sich zur Wasserlandschaft, in der wieder Fische sichtbar werden. In der Lagune werden im klaren Wasser wieder Fischschwärme gesichtet. Delphine trauen sich in die stillgelegten Häfen Sardiniens. Für einen Hirschen endete der Versuch der Rückeroberung seines angestammten Lebensraumes jedoch tödlich. Er wurde in der Innenstadt Bocholts entdeckt und auf Weisung der Polizei von einem herbeigerufenen Jäger erschossen.

Was seit Jahren in Umwelt- und Klimapolitik proklamiert, aber nie ernsthaft verfolgt wurde, holt sich die Natur in kurzer Zeit zurück. Diese Erfahrungen können unsere Überzeugungen von einem naturverträglichen gesellschaftlichen Leben der Menschen bekräftigen. Noch stehen uns Wochen, vielleicht Monate des virusbedingten Ausnahmezustandes bevor. Wir können die Einschränkungen bejammern und beklagen. Wir können und dürfen sie auch zur gründlichen Reflexion und Neubesinnung unseres Lebens während und nach der Krise nutzen: zur Reflexion über ein gesellschaftliches Leben als Teil der Natur. Ein Leben resilient[6] im Umgang mit den aus der Natur erwachsenden Gefahren und Risiken der uns anvertrauten Schöpfung.

Zukunftsbeben

Als Zukunftsbeben bezeichnen Forscher Momente, die den Lauf der Geschichte drastisch und nachhaltig verändern. Auslöser können Naturkatastrophen wie Erdbeben, Vulkanausbrüche oder Tsunamis sein.

Zu sozialen Zukunftsbeben werden Ereignisse, die von Menschen selbst herbeigeführt wurden oder durch die Reaktionen der Menschen auf Naturereignisse. Soziale Zukunftsbeben werden durch menschliche Entscheidungen geformt.

- Kein Virus hat die Schulen und die Kitas geschlossen. Kein Virus hat Ausgangssperren und Kontaktsperren verhängt. Nicht Covid-19 hat den Lockdown beschlossen, um sich an der Ausbreitung zu hindern. Den Viren sind die Zahlen der Infizierten und Toten egal. Es waren Menschen, die auf das Erscheinen des Virus reagierten und für die ihnen anvertrauten Menschen Schutzmaßnahmen entschieden.
- Den Viren ist es egal, ob wir die durch ihr Erscheinen ausgelöste Situation zu einer Reflexion und Neuorientierung unseres zwischenmenschlichen und gesellschaftlichen Verhaltens nutzen oder möglichst schnell wieder in alte Normalität zurückfallen.
- Den Viren ist es egal, ob wir beim virtuellen abendlichen Klatschen für die Corona-Helden bleiben, oder die neu entdeckte Systemrelevanz tariflich und gesundheitspolitisch bestätigen.

Den Viren ist all das egal. Es ist allein unsere Sache. An uns liegt es, wozu wir uns entscheiden, was wir entscheiden und wen wir entscheiden lassen. Zwischenmenschliches Handeln schafft Strukturen. Reflektiertes zwischenmenschliches Handeln kann die Strukturen schaffen, die wir wollen.

---

[6] *Resilienz oder psychische Widerstandsfähigkeit ist die Fähigkeit, Krisen zu bewältigen und sie durch Rückgriff auf persönliche und sozial vermittelte Ressourcen als Anlass für Entwicklungen zu nutzen.*

Allerdings ist der Weg nicht einfach. Der Weg in eine für Mensch und Natur tragtüchtige Zukunft ist zu bewältigen als Gemeinschaftsleistung aller Menschen, die sich mit der Vielfalt ihrer Kompetenzen aktiv in die Entwicklung einbringen.

Tragtüchtig – ein im Deutschen selten genutztes Wort. Wir sprechen zumeist von Nachhaltigkeit, doch wird dieser Begriff inzwischen inflationär gebraucht. Mit Nachhaltigkeit wird auch der vom dänischen Soziologen Helge Hvid eingebrachte Begriff „Bæredygtighed" übersetzt. Tragtüchtig jedoch ist die ursprüngliche und eigentliche Bedeutung des verwandten Begriffes.

Als tragtüchtig erweist sich ein System, wenn und solange es die ihm zugeschriebenen Eigenschaften unter Beweis stellt. Längst ist nicht alles tragtüchtig, was auch tragfähig war. Ein gegenwärtiges Musterbeispiel dazu liefert die Autobahnbrücke der A1 zwischen Leverkusen und Köln:

Die von den Bauingenieuren Schumann und Homberg entworfene Rheinbrücke wurde am 5. Juli 1965 eröffnet. Die Pläne der Bauingenieure basierten auf den Planungsvorgaben von 1959 und kalkulierten eine ausreichende Tragfähigkeit der Konstruktion ein. Vor der Freigabe für den Verkehr wurde die Brücke verschiedenen Belastungstests unterzogen. Damit wurde die geplante Tragfähigkeit auf ihre tatsächliche Tragtüchtigkeit geprüft. Erst der Nachweis der Tragtüchtigkeit erlaubte die Freigabe.

Alterungsprozesse, Materialmüdigkeit, ungenügende Wartung, vor allem aber das weit über die einstigen Planungsvorgaben angestiegene Verkehrsaufkommen führten zur mangelhaften Tragtüchtigkeit der Brücke, sodass seit November 2012 für Fahrzeuge auf der Brücke eine Tonnagebeschränkung von maximal 3,5 t gilt.

Zur menschengerechten und naturverträglichen Zukunft brauchen wir tragfähige Konzepte. In praktischen Projekten ist ihre Tragtüchtigkeit zu prüfen. Dann sind sie durch politische Entscheidungen allgemein zu verankern.

Alle Schotten dicht

Zerfällt Europa? Fällt Deutschland in die Kleinstaaterei früherer Jahrhunderte zurück? Die Pandemie fördert Grenzschließungen und bislang unwesentliche Grenzziehungen zwischen Bundesländern. Scheitert Europa am Föderalismus, weil die Einzelstaaten ihre Schotten dicht machen?

Ist es nicht eher ein gesundes Zeichen, dass es noch Schotten gibt, die sich bei Gefahr schließen lassen? Schlägt ein Schiff Leck, sichern geschlossene Schotten vor dem Untergang, weil die Schadstelle abgeschottet werden kann. Brandschutztüren gehören zur Sicherheitsstruktur größerer Gebäude, damit eventuelle Brandherde nicht ungehindert auf das ganze Haus übergreifen können. Eierkartons oder Flaschenkästen sind nicht nur gute Transportmittel, sie schützen die Waren auch vor unsachgemäßen Transport.

Wer die Schotten dicht macht, sichert die Gesamtheit vor der Schadensausbreitung. Kluge Kapitäne lockern die Schotten erst, wenn und soweit das Leck abgedichtet ist. Allerdings haben sie einen Vorteil gegenüber heutigen Politikern in der Pandemie: das eindringende Wasser ist sichtbar, spürbar und macht sofort nasse Füße. Das Virus, das unserer Gesellschaft ein Leck geschlagen hat, ist zwar totgefährlich, doch unsichtbar. Da steigt die Ungeduld der Passagiere und so mancher ruft zur Meuterei auf der Titanic auf.

Selbst wenn sich unter dem Druck der „Meuterer" einzelne Politiker in den Wettbewerb um den Preis des coolsten Landesvaters begeben, sie belegen damit die Qualität dezentraler Systeme. Organisationen, auch Staatswesen sind stabiler und resilient, strukturieren sie sich dezentral, angepasst an den jeweiligen Lebensraum der Menschen. Kooperationen und Koordination zwischen den Einheiten fördern und stärken das Gesamtsystem. **Subsidiarität** ist der Begriff, der dafür in den Lehrbüchern steht.

Leben in Koexistenz mit Corona

Gegen ein Virus und die dadurch ausgelöste Epidemie oder gar Pandemie sind Wut und Empörung sinnlos. Da mag sich mancher über mangelndes oder überzogenes Krisenmanagement empören. Auch die Konsequenzen eines sinnvollen und effizienten Krisenmanagements mögen persönlichen Unmut bewirken. Wer mag schon gern auf unbestimmte Zeit zu Hausarrest, Ausgangssperre, Versammlungsverbot und Homeoffice verpflichtet werden?

Die aktuellen Einschränkungen gehen nicht nur aufs persönliche Gemüt, sie beeinträchtigen lieb gewordene, bei Dauer auch notwendige Versorgungsketten und analoge soziale Netze. Private Feiern, Besuche bei Freunden, Besuche von Theater und Kino, Besprechungen mit Kollegen entfallen oder werden in die virtuelle Welt des Internet verlagert.

Die Ansteckungsgefahr des Virus Covid-19 reduziert unseren gesellschaftlichen Umgang auf ein sozial und psychologisch unzulängliches Minimum. Jeder Tag eingeschränkter Grundrechte verstärkt die psychischen Folgen. Dabei mögen hoffentlich viele Bürger diese Beschränkungen als Verlust betrachten. Doch besteht auch die Gefahr der Gewöhnung an derartige behördliche Maßnahmen. Dann könnte es ein leichtes sein, auch andere politische Krisenfälle durch Außerkraftsetzung bestehender Rechte anzugehen.

Unmut oder Empörung sind keine adäquate Antwort auf diese Herausforderung. Vielen Mitbürgern gelingt es, die vorgegebenen Einschränkungen mit konstruktiver Energie anzunehmen und mit geändertem Sozial- und Konsumverhalten dem Leben neue Qualität zu geben.

Dazu ein typisches Alltagserlebnis: die Warenauslage beim Bäcker war in der Vielfalt sehr eingeschränkt. Doch fand ich alles, was mir ein gutes Frühstück sicherte. Bemerkung der Fachverkäuferin: *„Corona trägt dazu bei, dass die Kunden auch mit weniger zufrieden sind."*

Re-Gnose – keine Angst vor Wandel

Begründete Wahrscheinlichkeiten geben Orientierung zur Auswahl nächster Schritte in unbekanntem Gelände. Solche Wahrscheinlichkeits-Aussagen kennen wir als Prognosen.

Die Vielzahl der prognostischen Möglichkeiten und die häufig sich widersprechenden Szenarien lösen allerdings oft Irritationen oder gar Ängste aus. Derartige Ängste können gemildert werden durch Rückblicke auf frühere ähnliche Situationen, auf überstandene Krisen und wie es sich seinerzeit ergab und entwickelte. Eine andere in der Visionsarbeit bewährte Methode ist der Rückblick aus einer sich vorgestellten Zukunft. Im Kontext der Corona-Krise brachte der Trendforscher Matthias Horx diese Methode mit seiner Wortschöpfung Re-Gnose ins öffentliche Bewusstsein. In seinem am 19.3.2020 erschienenen Essay „Die Welt nach Corona" lädt er seine Leser ein, sich gedanklich in ein Café im Herbst 2020 zu versetzen, um sich rückblickend zu wundern, wie wir die Krise überstanden. Eine interessante Denkübung, die Ängste vor den anstehenden Wandlungsprozessen nehmen kann. Diese Übung kann staunen lassen, wie wir innerhalb weniger Wochen behördlich verfügte Abstandsbestimmungen, Hygieneregeln im öffentlichen Miteinander und massive Einschränkungen verfassungsrechtlich geschützter Grundrechte hinnahmen und in unseren Alltag integrierten.

Solche Rück-Blicke verringern dann Ängste, wenn sie aus einer optimistischen Position gemacht werden. Mit dieser Methode wird jedoch nicht erarbeitet, welche Zukunft uns erstrebenswert ist und wie wir sie erreichen könnten.

Versetzten wir uns mit Horx gedanklich in ein Straßencafé im Herbst 2020, könnten wir hocherfreut mit Johannes Mario Simmel formulieren und mit Milva singen: *„Hurra, wir leben noch!"*[7]. Bei Cappuccino, Rotwein oder Pernod könnten wir nachdenken, was

---

[7] *Johannes Mario Simmel, Hurra, wir leben noch, Droemer Knaur, München 1978*

uns dieses Überleben sicherte. Solch rückblickendes Nachdenken kann uns zu sehr unterschiedlichen Entscheidungen führen:

- eine neue Lebensart zu pflegen, die uns sowohl sozial als auch ökologisch in eine zukunftsfähige Balance bringt,
- oder voll verdrängter Lebensgier nun erst recht alles nachzuholen, was Corona uns versagte.

Unsere individuellen Richtungsentscheidungen würden die „Welt nach Corona" verändern. Unsere veränderten Wahrnehmungen in der Krise und aus der Krise würden unser Verhalten und unseren gesellschaftlichen Umgang miteinander neu prägen. Die erlebten Tatsachen würden *„etwas mit uns machen"*. So viel Prognostik erlaubt sich der Trendforscher Matthias Horx.

Die zur Re-Gnose notwendige Projektion in ein Straßencafé im Herbst 2020 sagt leider nichts über den gesellschaftlichen Zustand, der uns im Café umgibt. Sitzen wir Gäste immer noch mindestens 2 m voneinander entfernt? Muss ich für jeden Schluck meinen Mundschutz lüften? Sind die Einschränkungen der Grundrechte zurückgenommen oder beibehalten, vielleicht sogar ausgeweitet für eine längst überfällige Klimapolitik? Was sagen uns Re-Gnosen zur Verwirklichung angestrebter Zukunftssituationen?

Eine angestrebte Zukunft fällt uns nicht zur eigenen Verwunderung einfach zu. Eine angestrebte Zukunft ist eine gestaltbare Herausforderung. Das bedeutet Arbeit in der Gegenwart an der Zukunft. Arbeit auch in klassisch-physikalischer Bedeutung. Sie erinnern sich: Arbeit = Kraft x Weg!

Für die Arbeit an der Zukunft ist die Formel um einiges komplexer:

$$\frac{\mathbf{Zk} \quad + \quad \mathbf{Kom}^{(S+M)} \quad + \quad \mathbf{Eng} * t}{\text{Zielklarheit} + \text{Kompetenz in Sachthemen und Methode} + \text{Engagement} * \text{Zeit}}$$

$$\frac{\text{Eigene, innere Widerstände} \quad + \quad \text{äußere Widerstände}}{\mathbf{W^i} \quad + \quad \mathbf{W^ä}}$$

Optimistische Zukunfts-Szenarien mögen uns verlocken und Zukunftsangst nehmen. Zu diesem Zweck ist die Re-Gnose eine ausgezeichnete und erprobte Methode. Durch Ängste gelähmt, gelingt es uns nicht, die Zukunft in unserem Sinne mitzugestalten und die dazu nötigen Kräfte und Energien aufzubringen. Dennoch sollten wir uns stets bewusst sein, dass Re-Gnosen passive Betrachtungen sind, welche die engagierte Mitverantwortung für die Gestaltung der Zukunft nicht ersetzen können.

Zukunft betrachten oder gestalten?

In den Tagen der Corona-Krise ist allerorten von Politikern, Bischöfen, Schauspielern, Medizinern und x-beliebigen an- und ungefragten Bürgern zu hören, diese Krise sei eine Chance zu persönlicher und gesellschaftlicher Neuorientierung. Wie Horx scheinen sie aber darauf zu setzen, dass solche Neuorientierung wohl irgendwie geschehe. Andere setzen darauf, der aktuell breite Wunsch nach Neuorientierung biete nun Raum zur erwünschten Realisierung bislang ungenügend beachteter Zukunftskonzepte. Gemeinwohl-Ökonomie, sanfter ökologischer Tourismus, Grundeinkommen und Verbot von Waffenexporten zählen zu solchen zukunftsfähigen Konzepten.

Wie aber wollen wir diese Ziele erreichen? Wie sehen die Baupläne aus, damit die guten Konzepte keine Luftschlösser bleiben? Damit sie mehr werden als nette Vorzeigeprojekte, sondern gesellschaftliche Wirklichkeit prägen. Welche Konstruktions- und Strukturelemente sind zu beachten für eine tragtüchtige Zukunft?

Für solche Fragen der Zukunftsgestaltung bietet die Neurolinguistische Programmierung (NLP) ein bewährtes Instrument: die TIMELINE. Diese Methode begnügt sich nicht mit einer einfachen Zukunftsvorstellung. Sie fordert zu klaren Zielbildern heraus und fragt aus dieser Zukunft rückblickend nach den Strategien, wie dieses Ziel erreicht wurde.

Sie verlangt auch eine umsichtige Gegenwartsbetrachtung, sowie eine Betrachtung des zielorientierten Weges. Diese Methode erlaubt einen größeren zeitlichen Rahmen als Perspektive des Möglichen.

Warum also nicht den Blick auf eine Nach-Corona-Zeit über den Herbst 2020 oder den Sommer 2021 weiten, beispielsweise auf eine Perspektive 2030+?

So wurde im Jahr 2016 unter der Federführung des Bundesforschungsministeriums und des Bundesumweltministeriums sowie unter der Beteiligung der Ressorts für Inneres, Wirtschaft und Verkehr der Wettbewerb „Zukunftsstadt 2030+" gestartet.

51 deutsche Städte gingen an den Start und entwickelten in Bürgerdialogen unter wissenschaftlichen Begleitungen ihre Konzepte zur zukunftsfähigen Kommune. In die Endphase kamen acht Kommunen, die nun mit jeweils 1,8 Millionen € Preisgeld an die Realisierung ihrer Konzepte gehen. Den vielen beteiligten Bürgern in diesen Städten ist die Perspektive auf 2030+ also nicht mehr fremd.

Wollen wir auch dann noch Fische sehen in den Kanälen Venedigs? Soll man auch dann noch von Indien aus den Himalaya sehen können? Wollen wir unter der Wahrung all unserer Grundrechte den widersinnigen Massentourismus in eine neue Reisekultur gewandelt haben?

An welchen Schulen und Universitäten sollen die nachkommenden Generationen auf die Gestaltung ihrer Zukünfte vorbereitet werden?

Wird es uns noch wichtig sein, ob Online-Händler unsere Bestellungen per Drohnen ausliefern, während wir Arbeitskraft und Arbeitswünsche unserer Mitmenschen missachten?

Eine TIMELINE für die Zukunft

Begeben wir uns doch einmal auf eine mögliche TIMELINE (siehe Grafik S. 32). Legen wir dazu auf einer gedachten Linie drei Zeit-Punkte. Je einer markiert die gegenwärtige Situation (**G**), den Zielpunkt der Vision (**Z**) und den in Vergangenheit erworbenen Erfahrungsschatz (**V**). Ein neben die Linie gesetzter Reflexionspunkt (**R**) erlaubt eine Selbstbeobachter-Rolle.

Eine derartige TIMELINE kann sich jeder im heimischen Wohnzimmer, im Garten oder auf der Terrasse ziehen. Stellen Sie sich auf die Linie und markieren Sie Ihren Gegenwartspunkt **G**. Legen Sie von dort ausgehend Ihren Punkt **Z**, wie entfernt gefühlt ist Ihnen das Jahr 2030?

Schauen Sie auf der Linie zurück und legen Sie sich den Punkt **V**, von dem Sie Erfahrungsschätze für Ihren Weg in die Zukunft abrufen wollen oder können. Am Punkt **R** stehend überprüfen Sie, ob die Markierungen auf der Linie Ihrem Denken und Fühlen entsprechen; verschieben Sie die Markierungen, bis sie Ihnen stimmig erscheinen. Bei **R** sollten Sie auch Stifte und Papier bereit legen zum Notieren Ihrer Ideen und Einfälle.

Natürlich können Sie das Grundmuster einer TIMELINE auch am Schreibtisch auf einem Blatt Papier nachvollziehen. Gelegentlich reicht es sogar, sich auf dem Tisch die Orientierungspunkte mit Kaffeetassen oder Salzstreuer zu markieren. Doch in den etwa 30 Jahren, seit ich diese Methode kennenlernte, erfahre ich den langsamen, meditativen Gang entlang der TIMELINE als intensivste Übung. Sie erzeugt die stärkeren Bilder, spricht alle Sinne an und stimuliert emotional für die anstehenden Verhaltensänderungen. Dazu gehen Sie die gestrichelt markierten Wege langsam und meditativ, lassen die Bilder in sich aufsteigen.

Die durchgezogenen Linien markieren reine Positionswechsel. Sie können jeden Weg so häufig gehen, wie Sie es wollen oder brauchen. Wundern Sie sich nicht, falls Ihnen das Hin und Her entlang der TIMELINE wie ein sehr langsamer Tanz vorkommt. Bei tiefgreifenden Fragestellungen kann es lohnen, die Aktion über mehrere Tage zu verteilen.

Grafik und Tabelle zeigen eine typische Choreographie eines „TIMELINE-Tanzes".

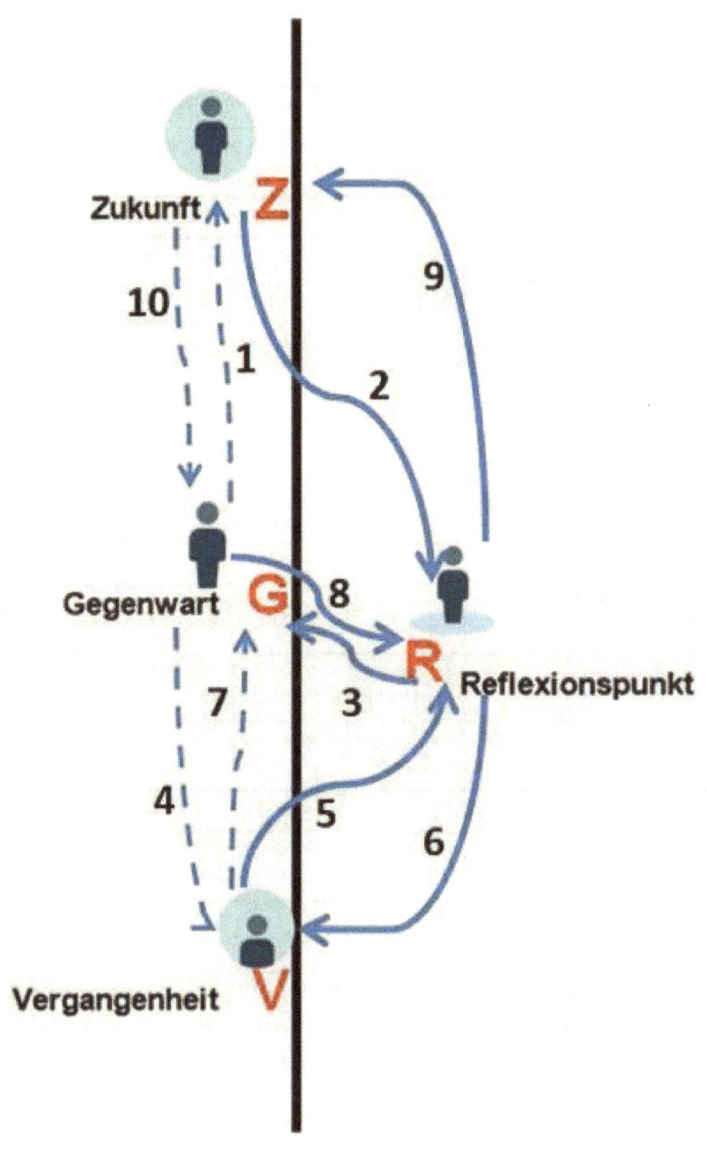

Weg		Standort	Typische Überlegungen
		G (1.) Gegenwart	*Ausgangslage* Wo stehe ich derzeit? Wie ist unsere Situation?
1	G→Z	Auf dem Weg	*Visionen, Zielbilder entwickeln*
		Z (1.)	*In die Visionen sinnlich einfühlen*
2	Z→R	R (1.)	Sind mir die Visionen stimmig, kann ich sie wirklich bejahen?
3	R→G	G (2.)	*Wahrnehmen der Info-Vielfalt*
4	G→V	Auf dem Weg	*Ausschau nach nützlichen Erfahrungen*
		V (1.)	*Eigene erworbene Kompetenzen wahrnehmen, helfende Erfahrungen Anderer ansehen*
5	V→R	R (2.)	Was aus V kann ich für meine Ziele nutzen? Was fehlt mir noch?
6	R→V	V (2.)	*Umschau nach weiteren Ressourcen* Was machen Andere schon?
7	V→G	Auf dem Weg	*Bewusstes Einsammeln der Ressourcen z.B. in einen gedachten Koffer legen*
		G (3.)	*Wahrnehmen zukunftsförderlicher Praxis*
8	G→R	R (3.)	Was kann ich tun, dass die Ressourcen zu meinen Kompetenzen werden?
9	R→Z	Z (2.)	Wie und wo konnte ich meine bisherigen und neuen Kompetenzen einsetzen?
10	Z→G	Auf dem Weg	Welche Hemmnisse und Widerstände erlebte ich im Rückblick?
		G (4.)	Zu welcher Strategie entschließe ich mich nun?
8	G→R	R (4.)	Was sind meine nächsten Schritte zur Verwirklichung meiner Visionen?

Soviel zur Methode – wenden wir sie einmal an auf die Zukunft mit Corona. Suchen wir dabei nach erwünschten zukünftigen, den dazu nötigen Strategien und Ressourcen.

Ausgangspunkt Corona-Krise

Stellen wir uns auf **G** und skizzieren die aktuelle Lage.

Krisen bringen Stärken und Schwächen des Gemeinwesens deutlicher ans Licht. In der Corona-Krise sehen wir deutlich die Mängel der Gesundheits-, Pflege- und Sozialpolitik. Der durch neoliberale Spar- und Privatisierungspolitik herbeigeführte Pflegenotstand in Krankenhäusern und Betreuungseinrichtungen brachte das staatliche Gesundheitssystem in den meisten Industrieländern zum Nutzen privater Betreiber an die Grenze des Kollapses.

In Deutschland erwirtschafteten die vier privaten Klinik-Konzerne Asklepios, Fresenius, Helios und Rhön 2018 laut ihren Geschäftsberichten mit öffentlichen Geldern einen Gesamtgewinn von knapp 1 Mrd. €. Dieses Geld hätte gereicht, 22.000 Pflegekräfte zu finanzieren, rechneten der Journalist Claus von Wagner und der Jurist Max Uthoff in der ZDF-Anstalt vom 5. Mai 2020 vor.[8]

Mangelnde Sozialpolitik bringt das Heer von Minijobern in Existenznot. Sie verlieren ihre Arbeitsplätze, ohne Sozialversicherungsschutz bekommen sie weder Arbeitslosen- noch Kurzarbeitergeld. Mit Zuschüssen aus dem Corona-Hilfsprogramm sollen kulturschaffende Soloselbstständige unterstützt werden. Die Zuschüsse dürfen allerdings nur zur Deckung der Betriebskosten (in der Regel Büromiete), nicht aber für Lebenshaltungskosten genutzt werden. Diese Zuschüsse fließen somit über den Umweg des Antragstellers direkt zu den gewerblichen Vermietern. Damit haben die Künstler noch immer kein Brot auf dem Tisch.

Andererseits erhoben verschiedene Politiker die Forderung, 9 Mrd. € in die Sanierung der Lufthansa zu stecken, um die Existenz einer bundesdeutschen Fluggesellschaft zu sichern. Auch forderten Lobbyisten der Autoindustrie Kaufprämien für Neuwagen in Höhe

---

[8] *Die Anstalt – Fakten Check zur Sendung vom 05.05.2020, S. 7-*
www.zdf.de/comedy/die-anstalt/fakten-im-check-der-anstalt-118.html

von 2,5 Mrd. €. So wollten sie neuen Konjunkturschwung in eine überkommene Industrie bringen. Zum Ausgleich sollten im Zuge „notwendiger Sparpolitik" die Mindestlöhne eingefroren, nach einigen christ(?)-demokratischen Politikern sogar gekürzt werden.

Die wachstumsorientierte Wirtschafts- und Finanzpolitik beschleunigt durch den beim Lockdown hingenommenen Konjunktureinbruch weltweit die Armutsentwicklung. Der weitgehende Stillstand des Wirtschaftslebens führt zu Insolvenzen vor allem bei Klein- und mittelständischen Unternehmen. Die Gefahr einer neoliberalen, kapitalistischen Flurbereinigung zeichnet sich deutlich ab.

Zugleich bringt uns diese Entwicklung ins Bewusstsein, was für das gesellschaftliche Leben und für das Gemeinwohl tatsächlich systemrelevant ist. Die durch die gesellschaftliche Entschleunigung ausgelöste Erholung der Natur belegt, wozu konsequente Umweltpolitik führen könnte, würde sie auch geleistet.

Der Schock der politisch verordneten Ausgangs- und Kontaktsperren ist überwunden. Immer häufiger werden aus verschiedenen Interessenfeldern Bedenken bis hin zu deutlicher Kritik gegen die Verordnungen vorgetragen. Öffentliche Debatten um die Verhältnismäßigkeit der Maßnahmen waren überfällig und laufen nun an. Nicht nur Mahnwachen und Protest-Demos aktivieren diese Debatten. Verfassungsrechtler diskutieren und Gerichte erklären inzwischen vereinzelte Maßnahmen als unzulässig. Unter strengen Hygienebedingungen und Abstandsregeln können Geschäfte wieder öffnen, sind Schulbesuche und Kita-Betreuung wieder möglich.

Die Akzeptanz des Lockdown als Sofortmaßnahme durch die breite Bevölkerung ist beachtlich. Auch wenn inzwischen immer lauter und häufiger Widersprüche und Widerstände bekundet werden, hält der Großteil der Bürger aus eigener Einsicht die beschlossenen Regelungen auch ohne Anwendung staatlicher Gewalt ein.

Deutlich erleben wir, wie sich unser Alltag verändert, dass wir unsere bisher gewohnte Art zu leben auf unbekannte Zeit nicht weiterführen können.

Corona-Krise und Lockdown schufen neue Alltagshelden.

ALLTAGSHELDEN! - Auch so eine Wortschöpfung aus Krisenzeiten. Ärztinnen und Ärzte, Pflegerinnen und Pfleger, Menschen, die den medizinischen Versorgungsapparat, die Pflegestationen und Altenheime nicht nur in der Krise am Laufen halten, werden belohnt mit abendlichem Händeklatschen. Die Politik verspricht ihnen eine einmalige Bonuszahlung um 1.000-1.500 €. Auch die Mitarbeiterinnen und Mitarbeiter der Kitas, der Polizei, Feuerwehr und Ambulanzen finden Anerkennung als Alltagshelden, ebenso wie die Menschen an den Ladenkassen und entlang der Versorgungsketten der Lebensmittelgeschäfte.

Alltagshelden – die Krise wirft ein Schlaglicht auf Menschen und ihre Berufe, die im sonstigen Alltag allzu häufig im Schatten stehen. Heute gelten sie als systemrelevant – relevant für ein System, welches unsere Grundversorgung sichert. Wie lange noch sehen wir ihre Systemrelevanz? Welche Konsequenzen werden in Politik, Wirtschaft und Gesellschaft gezogen? Werden Tarifstrukturen verändert, Abrechnungssysteme überdacht, Pflegepläne umgeschrieben, notwendige Stellen endlich finanziert?

Pfarrer Franz Meurer, alternativer Ehrenbürger der Stadt Köln, berichtete in einem WDR-Beitrag vom 15. Mai 2020, häufig gebe er Schülern die Aufgabe, zu benennen, *„wer heute schon für dich gearbeitet hat"*. Animiert durch diese Frage entdeckten die Schüler in der Regel etwa 30 Menschen und Berufe, auf deren direkte oder indirekte Leistung sie zurückgreifen konnten.

„Denk einmal daran!" heißt ein Song aus dem Liederschatz der Christlichen Arbeiterjugend (CAJ). Dieser Song aus der Feder des Liedermachers Horst Roos findet sich auf der LP: KENNETH SPENCER SINGT SITUATIONSSONGS. Kenneth Lee Spencer

(1911-1964) war ein amerikanisch-deutscher Opernsänger (Bass) und Schauspieler.

Dort heißt es (Auszug):

Wenn am Morgen, kaum erwacht, deine Mutter Kaffee macht, dann denk mal, wer dir das bereitet hat: an den Neger, der ihn pflückt, an all jene, die gebückt von der Hitze und der Arbeit völlig matt.

Refrain: *Ja, denk einmal daran! Ja, denk einmal daran! Wer all die Arbeit hat getan, sie sind tätig alle Zeit, stets zu deinem Dienst bereit, steh´n als Brüder unerkannt an deiner Seit.*

Viele kennst du sicher nicht, niemals siehst du ihr Gesicht, doch die Arbeit, die sie tun, ein jeder spürt. Sie sind fern und manchmal nah, täglich merkst du: Sie sind da! Merkst, wie Gott die Menschen so zusammenführt.

Halten wir uns selbst diese Systemrelevanz weiterhin vor Augen?

In der Krise rückten uns die sonst häufig unbeachteten Menschen und ihre Berufe ins Bewusstsein. Wirtschaftszweige und Berufe, die das gefährdete System vor dem Zusammenbruch retten können, erhalten den Ehrentitel „Systemrelevant". In der aktuellen Krise sind es die verschiedenen Berufe im Gesundheits-, Erziehungs- wie im Versorgungssystem.

Auch Banken und ihre Manager wurden in den verschiedenen Krisen der Finanzwirtschaft als systemrelevant benannt und mit teuren Rettungsschirmen gestärkt. Für die Automobilindustrie wirken Straßenbau und Verkaufsförderung, aber auch Dieselverbote oder Tempolimits systemrelevant. Für die Tourismusindustrie sind Massentourismus und überdimensionierte Kreuzfahrtschiffe systemstabilisierend, Reisebeschränkungen oder Flugverbote dagegen systemschädigend. Religionsgemeinschaften und Kirchen brauchen soziale Begegnungen, gemeinschaftliche Liturgien und genügend authentische Vertreter.

Jede Branche, jedes gesellschaftliche Teilsystem hat seine eigenen spezifischen Elemente, die zur Gefährdung oder Stabilisierung des Systems relevant sind. So hat auch jedes Teilsystem ein lebendiges Interesse, im gesellschaftlichen Gesamtsystem als relevant respektiert und geschützt zu werden. Im Konflikt- oder Krisenfall ist es wichtig, auf Hilfen der Gesellschaft zugreifen zu können.

Doch sind die diversen Branchen zuträglich für das soziale Leben oder die Ökologie? Richten wir uns darauf aus, was für die Branchen systemrelevant ist oder ob die Branchen selbst fürs Leben systemrelevant sind?

Hilfsprogramme werden annähernd daran ausgerichtet, wie relevant die Teilsysteme im Gesamtkontext gesehen und von den politisch Verantwortlichen anerkannt werden. Nicht immer hält sich die Bewertung der „Systemrelevanz" über die Zeit der je aktuellen Krise hinaus. Ob die heutigen Wertbekundungen für Ärzte und Pflegepersonal, für die Mitarbeiter in sozialen Diensten oder im Lebensmittelhandel in ohnehin überfällige Tariferhöhungen oder gar in den Ausbau der gebeutelten Infrastruktur überführt werden?

Wie sehr sind unsere so unterschiedlichen beruflichen wie ehrenamtlichen Beiträge systemrelevant für unser soziales Miteinander? Was geschähe, nähmen wir diese Einsichten mit auf unsere Schritte in die Zukunft?

Auf dem Weg zu Zukunftsbildern

Wenden wir uns also der Zukunft zu. Gehen dabei sehr langsam, Schritt um Schritt, auf Z zu. Welche Werte sollen in Zukunft das soziale Leben und die Gesellschaft prägen?

- Wie sehr soll auch in Zukunft die aus überbordender Lebensgier erwachsene Eventkultur das Tempo gesellschaftlichen Lebens bestimmen?
- Bin ich bereit, persönlich aktive Mitverantwortung zu übernehmen, welche Welt wir den Nachgeborenen überlassen?

- Soll wirtschaftlicher Erfolg auch weiterhin an einer Profitmaximierung gemessen werden, oder ziehen wir Nachhaltigkeit und Gemeinwohl als ökonomische Ziele vor?
- Soll unserer Leben auch weiterhin auf Wettbewerb und Konkurrenz getrimmt sein oder orientieren wir uns an Solidarität und Kooperation?
- Folgen wir weiterhin dem Anspruch auf stetiges Wachstum oder richten wir uns aus auf ökologische und soziale Balancen?
- Wie gestalten wir die Spannung zwischen Eigennutz und Gemeinwohl? Sind wir bereit, die Politik auf die Entwicklungsziele der UN[9] auszurichten?
- Bin ich persönlich bereit, die Konsequenzen zu tragen?
- Wie wollen wir in globaler Verantwortung unsere regionale Eigenständigkeit bewahren?
- Wie bringen wir die Verlagerung dieser Parameter in die politische Entscheidung ein?

Zukunftsvisionen

Angekommen bei **Z** schauen wir, was diese Wertverschiebungen bewirkt haben. Welche Wirkungen hatten die politischen Entscheidungen nach den veränderten Parametern?

- **Altersarmut** ist weitgehend überwunden. Wir haben das solidarische Rentensystem angepasst. Nun zahlen alle Erwerbstätigen in die gleiche Rentenkasse ein. Unternehmen sind verpflichtet zur zusätzlichen betrieblichen bzw. branchenbezogenen Altersversorgung. Wie längst im öffentlichen oder kirchlichen Dienst zahlen die Arbeitgeber dazu die Beiträge. Private Versorgungspläne runden die Alterssicherung ab. Die guten Erfahrungen aus den Renten-Modellen in Österreich, der Schweiz und den Niederlanden gaben endlich den nötigen Rückenwind.
- Produzenten sind zum intensiven **Stoffkreislauf-Management** verpflichtet. Alle Produkte sind so zu gestalten,
  o dass sie ohne hohen Aufwand zerlegbar sind,
  o dass alle Einzelteile erneuerbar sind,

---

[9] https://www.unicef.de/informieren/ueber-uns/unicef-international/neue-entwicklungsziele/entwicklungsziele-verstaendlich-erklaert

- o dass defekte Einzelteile materiell recycelbar sind.
- Handwerker- und **Reparaturdienste** finden neuen Zulauf und lösen das Konzept der Wegwerf-Gesellschaft ab. Bei öffentlichen und privaten Bildungsträgern boomen Kurse zu Do-it-yourself-Reparaturen.
- Ein restriktives und streng kontrolliertes **Verbot von Waffenproduktion und Waffenhandel** trägt in Verbindung mit grundrechtsorientierter Außen- und Wirtschaftspolitik zur Befriedung militärischer Konflikte bei. Der Wegfall wesentlicher Fluchtgründe für die dort angestammten Bewohner ermöglicht ihnen, die zerstörten Lebensräume und Länder wieder aufzubauen. Internationale co-Finanzierungen sichern den Aufbau tragtüchtiger Demokratien, Sozial- und Wirtschaftssysteme. Durch kreative Konversionstechniken werden die technischen Kompetenzen der ehemaligen Waffenschmiede für den dezentralen Ausbau erneuerbarer Energiegewinnung genutzt.
- Der Art. 151 der bayerischen Landesverfassung erlebte eine europaweite Renaissance. Dort heißt es: „**(1) Die gesamte wirtschaftliche Tätigkeit dient dem Gemeinwohl, insbesonders der Gewährleistung eines menschenwürdigen Daseins für alle und der allmählichen Erhöhung der Lebenshaltung aller Volksschichten.**

  Das deutsche Grundgesetz, diverse nationale Verfassungen und die EU übernahmen diese Bestimmung als geltendes Recht. Alle Unternehmen sind gesetzlich verpflichtet, neben der üblichen Finanzbilanz auch eine jährliche Gemeinwohlbilanz zu erstellen und zu veröffentlichen. Die Vergabe von Krediten und öffentlichen Fördermitteln sind an die Kennzahlen beider Bilanzen gekoppelt.
- Intelligente **Mobilitätskonzepte** sichern den Stadtbewohnern Straßen und Innenstädte als Sozial- und Lebensraum. Der einst übliche Smog über den Ballungsgebieten ist längst verweht. Netze von Nahversorgungszentren reduzieren Anfahrtswege und unnötige Autofahrten. Der besonders für ländliche Räume notwendige Individualverkehr ist durch umweltverträgliche Techniken gesichert und komplementär auf Nah- und Fernverkehrskonzepte abgestimmt.
- **Bildungseinrichtungen** von Kita über Schulen, Bildungszentren und Universitäten bis hin zu den Einrichtungen der Jugend- und Erwachsenenbildung bieten eine breite Palette zur Entwicklung und Förderung individueller und sozialer Kenntnisse, Fertigkeiten und Fähigkeiten.

Prüfungssysteme bewerten nicht nur Lernerfolge. Sie sichern auch die gegenseitige Durchlässigkeit der Bildungswege.

Es lohnt, sich in solche visionären Bilder sinnlich hinein zu spüren. Sind das gesellschaftliche Zustände, in denen Sie sich wohlfühlen und sich entfalten könnten?

Schauen Sie von **Z** Ihrer TIMELINE zurück auf **G** und fragen sich:
- Was hat mich damals (2020) bewogen, das nun Erreichte anzusteuern?
- Welche Entscheidungen habe ich dazu getroffen, welche Wege eingeschlagen?
- Welche Ressourcen habe ich dazu aktiviert?

Reflexion der ersten Schritte

Ein guter Moment, zum Beobachterpunkt **R** zu gehen. Betrachten Sie Ihre Linie:
- Ist mir die Diskrepanz zwischen den Zielbildern **Z** und der Gegenwart **G** ausreichend bewusst?
- Finde ich mich mit solcher Diskrepanz ab oder will ich die Verwirklichung der Visionen mitgestalten?
- Was würde die eine oder andere Entscheidung für mein weiteres Leben und dessen Alltag bedeuten?

Für die Gestaltung der Zukunftswege auf die bei **Z** verordneten Visionen sind Verbündete zu suchen und Ressourcen zu aktivieren. Bei **R** stehend können wir wahrnehmen, wie die als *social distancing* bezeichneten Maßnahmen binnen kurzem zu einer ungeahnten gesellschaftlichen Solidaritätswelle führten. Solch neues Solidarverhalten kann Basis der angestrebten Entwicklungen werden.

Gehen Sie wieder zum Punkt **G** und schauen Sie sich intensiver in der Gegenwart um.

Die Infoflut zur Krise

Bleiben wir mit unseren Wahrnehmungen nicht zu sehr an Einzelheiten und Details hängen. Erlauben wir uns den „unscharfen Blick" und erkennen so wichtige Muster in der Infofülle.

Meinungsklima

Renommierte, aber auch selbst ernannte Experten prägen das derzeitige Meinungsklima. Mediziner, Ökonomen und Philosophen sind sich mehrheitlich einig: es gibt keinen Reset!

Covid-19 ist in der Welt, er wird bleiben und erst durch noch nicht entwickelte Impfstoffe kontrollierbar werden. Bis dahin gilt es, eine Ausbreitung von Infektionen durch Hygiene und Abstandsregeln zu vermeiden. Wie lange das so weitergeht, ist ein weites Feld für Spekulationen.

Die Pandemie und die daraus folgende Beschränkung gesellschaftlichen Lebens führte vielfach zum Nachdenken über die wirklich wichtigen Elemente des Lebens. Welchen Preis zahlten andere Menschen in anderen Ländern für den Lebensstil, den wir bislang genossen?

Ein einfaches „Zurück in die alte Normalität" wertet der Bonner Philosoph Markus Gabriel als moralischen Rückschritt.[10] Die Corona-Krise wirft ein Schlaglicht auf die international entgrenzten Wertschöpfungs- und Lieferketten. Unnötige Abhängigkeiten, aber auch sinnvolle Kooperationen treten deutlicher hervor. Die Diskrepanz zwischen vorrangiger Profitorientierung und Gemeinwohl-Wirkung des Wirtschaftens ist markant spürbar.

Kakophonie der Infos und Meinungen

Das moderne Kommunikationsnetz schafft eine schwer durchschaubare Info-Wolke. Diverse Wissenschaftler unterschiedlicher Disziplinen liefern seriös begründete Szenarien. Zeitgleich füllen

---

[10] *Beitrag in FOCUS-online, 8. Mai 2020*

Meinungsmacher und windige Experten die Cloud mit Spekulationen und kruden Theorien. Offene und öffentliche Diskurse zwischen Wissenschaftlern werden ebenso geführt wie Debatten zwischen Politikern unterschiedlicher Ansichten. Selbst die Verbreitung abstruser und kruder Ansichten ist in der freien Medienlandschaft möglich. Demonstrationen gegen die Maßnahmen sind unter Beachtung der Abstandsregeln erlaubt und finden lautstark statt. Bestand und Wirksamkeit der Grund- und Freiheitsregeln wird dadurch sichtbar. Während manchen Bürgern das Vertrauen in die Quellen schwindet, klammern sich andere an vermeintlich sichere Daten und deren Interpreten. Wahrnehmungen ersetzen Wahrheiten – wann ist wer warum glaubhaft? Die eigene, oft ungeschulte Urteilsbildung ist massiv gefordert.

Um dieses Phänomen der Kakophonie etwas gründlicher zu betrachten, wechseln wir kurz von der Gegenwartsbetrachtung **G** zum Reflexionspunkt **R**.

Publizisten – kritische Demokratiewächters?

Solche Kakophonie der Infos und Meinungen stellt die Rolle der Publizisten und Journalisten auf den Prüfstand. Wie weit sind sie Interessen-Fürsprecher (für wen?), Meinungsmacher, Berichterstatter und Informant oder gar kritische Wächter demokratischer Rechte und Strukturen?

Bereits im theoretischen Modell klassischer demokratischer Parlamente lässt sich ein systembedingter Mangel ausmachen. Das System der All-Zuständigkeit-Parlamente überfordert in der Regel deren Mitglieder mit der Themenfülle ihrer Zuständigkeit. Eigene Referenten und wissenschaftliche Dienste helfen ihnen, diesen Anforderungen einigermaßen gerecht zu werden. Höchst beansprucht in ihren je eigenen Themenfeldern vertrauen sie in anstehenden Entscheidungen den Vorschlägen der mit den Sachthemen befassten Parlamentskollegen oder folgen der Fraktions- bzw. Parteidisziplin.

Die politische Praxis belegt leider, dass das Theoriemodell parlamentarischer Demokratie längst ausgehebelt ist. Lobbyisten, Wirtschaftsverbände, Großunternehmen und einflussreiche Persönlichkeiten üben in einem Maß Einfluss auf Parlamente und Regierungen aus, die von den Verfassungen keineswegs vorgesehen war.

Dass die Exekutive längst zulasten der parlamentarischen Legislative die Gesetzgebung kontrolliert, erweist sich als höchst bedenkliche Umkehrung des demokratischen Ansatzes. Inzwischen schreiben die Lobbyisten sogar selbst Gesetzesvorlagen und haben ihre Vasallen mit eigenen Büros in Ministerien platziert.

Journalisten, die den an sie gestellten Anspruch einer „Vierten Gewalt" und des Demokratiewächters noch ernst nehmen, kritisieren diese Entwicklung zunehmend. Vor allem in Krisensituationen wollen sie wissen, wer mit welchen Interessen die Regierungen berät, welchen Zielen die beschlossenen Maßnahmen dienen und ob sie angemessen zur Zielführung sind. Wer setzt und legitimiert die Handlungsziele? Welche sozialen, wirtschaftlichen und gesellschaftlichen Folgen haben die geplanten oder beschlossenen Maßnahmen?

Gleichzeitig kritisieren Medienwissenschaftler, der journalistische und publizistische Mainstream orientiere sich nicht mehr an den obersten Geboten des Pressekodex, der da verlangt:

- Wahrhaftigkeit und sorgfältige Recherche;
- Schutz der Ehre und Achtung der Würde von Menschen – auch solcher, die abweichende Meinungen vertreten;
- das Gegenchecken jeder Informationsquelle, egal wie glaubhaft sie auf den ersten Blick erscheinen mag;
- das Vermeiden sensationeller Darstellungen, die überzogene Hoffnungen oder Befürchtungen wecken könnten.

Wenn Niedersachsens Innenminister Boris Pistorius (SPD) strafrechtlich gegen „*öffentlich unwahre Behauptungen [über] die Versorgungslage der Bevölkerung, die medizinische Versorgung oder Ursache,*

Ansteckungswege, Diagnose und Therapie von Covid-19"[11] vorgehen will, wirft er Zweifel auf, ob die Freiheit der Medien auch in Krisenzeiten gilt. Stehen wir zur Pressefreiheit selbst dann, wenn diese Freiheit missbraucht wird für Service-Journalismus, Fake News und sonstigen Blödsinn?

Solches „Spiel mit dem Feuer" greift um sich. *„Bisher haben 20 EU-Länder eine Art* **Notstandsgesetzgebung** *verabschiedet, um die Corona-Krise erfolgreich zu bekämpfen und die notwendigen Maßnahmen wie Ausgangsbeschränkungen und den Schutz der Menschen gegen das Virus durchsetzen zu können"*, sagte Vera Jourova, Vizepräsidentin der EU-Kommission, der Zeitung „die Welt". Jourova warnte: *„Das Coronavirus darf die demokratische Ordnung nicht killen."*[12]

Doch inzwischen nehmen Übergriffe auf Journalisten und Medienhäuser in Europa zu. Der Report für Pressefreiheit des Europarates benennt 2019 insgesamt 142 gravierende Übergriffe auf Journalisten. Sie geschahen in 25 der 47 Mitgliedsländer. 2018 waren es 132 Übergriffe in 32 Ländern.

Gehen wir vom Reflexionspunkt **R** wieder zurück auf den Punkt **G** und nehmen weitere Eindrücke des Gegenwärtigen auf.

Gesamtgefüge der Gesellschaft verändert sich

Erstaunlich ist die Gelassenheit, mit der die Mehrzahl der Mitbürger (noch) die verfügten Kontakt- und Bewegungseinschränkungen hinnimmt. Zugleich steigt die Besorgnis, Politiker aller Couleur könnten hierin ein probates Mittel für jegliches Krisenmanagement entdecken. Vor allem in den sogenannten sozialen Netzen laufen heiße Debatten um die Bewertung unvollständiger Daten, um Strategiefragen, ja sogar um die Schuldfrage an der ganzen Misere. Bürger treffen sich zu hygienisch problematischen Demonstrationen und fordern ihr altes Leben zurück – als gäbe es

---

[11] *https://www.spiegel.de/deutschland/coronavirus-boris-Pistorius-fordert-strafen-gegen-fake-news-a-ed5050b5-c194-4890-a4c3-c713290134f3*

[12] *https://www.welt.de/politik/ausland/plus207044895/Vera-Jurova-EU-Kommissarin-warnt-vor-Einschraenkung-der-Demokratie.html*

dieses alte Leben noch. Zwischen „Zurück zum bisher!" und „Die Zukunft wird heller!" wogen Meinungen hin und her.

Doch gerade jene, die auf eine neue, verbesserte Zukunft verweisen, liefern keine oder ungenügende Antworten auf die Kernfrage. Diese lautet: „Wie kommen wir in die gewünschte Zukunft?" Wie bewältigen wir diese Herausforderung ihrer Gestaltung? Das ist unsere je eigene Entscheidung:

- Überlassen wir sie den (welchen?) Experten, und setzen auf eine Expertokratie, eine technische Herrschaft (von wem?) berufener Fachleuten?
- Oder übernehmen wir selbst die Mitverantwortung und gestalten sie ethisch verantwortbar und demokratisch?

In der Corona-Krise erleben wir nicht allein eine neue Attacke der Biosphäre gegen den Aggressor Homo Sapiens. Wir erleben die fehlerhafte und fatale Einschätzung, Natur und Gesellschaft seien einige algorithmisch steuerbare Konstruktionen. Da erweist sich eine Pandemie als technologische, funktionale Störung. Veränderte Abläufe im gesellschaftlichen Geschehen sollen diese Störung beheben und korrigieren. Vage Messdaten wie „mögliche Inkubationszeit", „Reproduktionszahl" oder „Überstaatlichkeit" werden politisch umgesetzt in Bestimmungen von Mindestabstand, Kontakt- und Versammlungsverbot bis hin zur Tragepflicht von Gesichtsmasken. Soziale, psychische und wirtschaftliche Kollateralschäden werden hingenommen und an spätere Reparaturdienste verwiesen.

Aha! – Der Ausruf der Verwunderung wurde zur Leitformel gegenwärtiger und zukünftig ungewisser menschlicher Kontakte. Mit **Abstand** – **Hygiene** – **Alltagsmasken** sollen wir Covid-19 in die friedliche Koexistenz lenken. In den dazu erlassenen Vorschriften und Verordnungen sehen nicht wenige Bürger jedoch unzulässige Einschränkungen ihrer Grundrechte.

Wenig beachtet in der Diskussion bleibt dabei eine andere gravierende Gesetzesverletzung, die leider nicht justiziabel ist und somit nicht gerichtsfähig. **Resonanz** ist das Gravitationsgesetz des Sozialen. Es scheint nur banal, doch einander Anlächeln oder Anfauchen, sich umarmen oder wegstoßen, einander auf die Schulter klopfen oder in den Hintern treten, sind wesentliche Zeichen von Zu- oder Abwendung, also von Resonanz.

Spätestens, seit in den 1990er Jahren im Zuge neurobiologischer Forschung die Spiegelneuronen entdeckt wurden, wissen wir um die zentrale Bedeutung der Resonanz im zwischenmenschlichen Handeln.

Nun sind jedoch plötzlich alltägliche Berührungen gefährlich! Nun gilt: Desinfizieren und Hände waschen vor und nach Besorgungen und Kontakten. Masken verdecken Mimik und Lächeln. Geschäfte, Lokale, Restaurants werden zwar nach und nach wieder geöffnet. Reisebedingungen werden gelockert. Und Urlaube werden wieder möglich. Doch alles mit **Abstand** – **Hygiene** – **Alltagsmaske**! Begrenzte Anzahl von zuvor angemeldeten Teilnehmern und Gästen sollen die Abstandsregeln sichern. Zugleich reduzieren solche Regeln die Umsatzmöglichkeiten auf ein Niveau unterhalb der Wirtschaftlichkeitsgrenze. Neues Theaterflair stellt sich ein, wenn ein nur begrenzt zugelassenes Publikum großzügig im Zuschauerraum verteilt ist. Welches Publikum mag da noch kommen?

Bühnenkunst wird nicht allein von fähigen Akteuren im Rampenlicht, sondern wesentlich von der Resonanz des Publikums getragen. Ohne die Resonanz des Publikums werden Sportveranstaltungen zu überteuerten Trainingsrunden. Bis zu einer friedlichen Koexistenz mit Covid-19 werden wir uns noch häufig wundern. Aha!

Für eine erneute Reflexion der Phänomene wechseln wir wiederum von Gegenwartspunkt **G** zu **R**.

Widerstände, Demos und Lockerungen

Dass manche Bürger eine Verordnung als Nervrodung empfinden, muss nicht immer am Anagramm[13] liegen. Es kann auch eine Folge unnötiger politischer Schaukämpfe sein.

Im Detail haben die verschiedenen von der Pandemie betroffenen Länder politisch unterschiedlich reagiert. Doch nahezu überall gilt und greift die AHA-Formel (Abstand – Hygiene – Alltagsmaske). Eingestimmt auf dieses plausible Verhalten belegten die Bevölkerungen der Länder ihre Fähigkeit zum gesellschaftlich und sozial verantwortlichen Handeln. Diskurs und Disput um Zweckmäßigkeit und Angemessenheit einzelner Maßnahmen sind dennoch notwendig. Dazu braucht es Respekt und Raum für Gegenmeinungen und Widerstand. Gerade in demokratischen Systemen gilt es, dem Ausdruck von Widerständen Raum zu geben, da sie sich sonst gegen das System selbst wenden. Ungehörte Skeptiker werden leicht zu unerhörten Bürgern und eine leichte Beute für populistische Rattenfänger und Systemgegner.

Als am 15. Mai 2020 auf dem Wasengelände in Stuttgart etwa 20.000 Demonstranten in zumeist gebührendem Abstand gegen die zum Schutz gegen die Ausbreitung des Coronavirus verordneten Regeln demonstrierten, boten sie ein beeindruckendes Bild. Doch nüchtern betrachtet sind selbst 20.000 Einwohner bei den etwa 635.000 Bewohnern Stuttgarts nicht mehr als eine medial wahrgenommene Minderheit von knapp 3,5 %. Auf bundesdeutsche Wahlberechtigte umgerechnet, müssten knapp 2,5 Millionen Wähler gegen die Politik des Bundes und der Landesregierungen öffentlich auftreten. Zweifellos sind solche Demonstrationen starke und laute Stimmen aus dem Volk. Doch erfüllten selbst 2,5 Millionen Demonstranten den Anspruch des immer wieder kolportierten Schlachtrufes: „WIR SIND DAS VOLK!"?

---

[13] *Wortschöpfung allein durch Umstellung (Permutation) der Buchstaben*

Macht die Regierung einen guten Job?

Darüber gehen die Meinungen weit auseinander. Im Stammtisch-Ersatz digitaler Netze stehen Heiligsprechung und Verteufelung eng nebeneinander. Lobeshymnen und Shitstorm lösen einander regelmäßig ab. Wonach wird hier eigentlich der „gute Job" gemessen? Geht es um die Zustimmung der Bevölkerung, um statistisch niedrige Infektionszahlen oder um markantes Durchgreifen?

Die Suche nach einem Maßstab bringt uns in Deutschland unweigerlich zum Art. 56 des Grundgesetz. Im Amtseid, den Kanzler und Minister schwören, ist ihr Arbeitsauftrag definiert. Allein daran ist zu bemessen, ob die Regierung einen guten Job macht.

Dort heißt es: *„Ich schwöre, dass ich*
- *meine Kraft dem Wohle des deutschen Volkes widmen,*
- *seinen Nutzen mehren,*
- *Schaden von ihm wenden,*
- *das Grundgesetz und die Gesetze des Bundes wahren und verteidigen,*
- *meine Pflichten gewissenhaft erfüllen*
- *und Gerechtigkeit gegen jedermann üben werde. "*

Dort steht nichts davon, dass die Regierung den Reichtum der Gesellschaft oder ein ungezügeltes Wirtschaftswachstum zu mehren habe, dass sie gelebte Kulturen zu sichern hätte oder das persönliche Wohlergehen der Bürger sichern müsse. Auch ist es nicht ihre Aufgabe, das allgemeine Lebensrisiko auszuschalten.

Es lohnt, immer wieder in öffentlichen Diskursen wie auch in parlamentarischen Debatten zu erkunden, was den Nutzen des Volkes mehrt. Die Pluralität der Wertvorstellungen und die Vielfalt handfester Interessen im Volk verlangt nach solchen Diskursen, bevor eine verbindliche politische Entscheidung getroffen wird.

Um einiges klarer sind die Kriterien schon, geht es um den Anspruch *„Schaden von ihm wenden"*:

- die Sicherstellung einer Versorgungs-Infrastruktur kennzeichnet sich durch die Abwendung von Verdursten und Verhungern,
- Schutzmaßnahmen dienen der Abwendung von Unterkühlung und Überhitzung, dazu gehört auch das Dach über'm Kopf,
- die Sicherheitsstruktur dient der Abwendung von Verletzungen, Krankheit, kriminellen und militärischen Übergriffen,
- eine schadensmindernde Infrastruktur schützt vor Bedrohungen der Lebensqualität.

Solche Bedrohungen entstehen aus Unterversorgung mit Wasser, Nahrung oder Hygiene – also mangelnder Befriedigung der Grundbedürfnisse. Auch eine unangepasste Bildung bedroht die Lebensqualität und deren Entfaltung, ebenso eine übermäßige Systemabhängigkeit von Leistungsnetzen und Lieferketten. Menschen sind vor konfliktbedingten Lebensgefahren zu schützen wie vor Unterdrückung, also einem systematischen Zwang zu einem nicht gewollten Leben.[14]

In all diesen Bemühungen gilt es, gemäß Amtseid das Grundgesetz zu wahren. Das klingt so einfach und ist doch eine ungeheure Herausforderung. Schon die Grundrechte in den Artikeln 2 bis 19 GG stehen häufig in Konkurrenz zueinander und erfordern ein sorgfältiges Abwägen des je situativen Vorrangs. Dieses Abwägen ist eine politische Aufgabe und kann nicht auf das Bundesverfassungsgericht abgeschoben werden. Dabei gibt das Grundgesetz für solches Abwägen zwei Orientierungspunkte vor:

- Art. 1 GG verpflichtet jegliche staatliche Gewalt, die unantastbare Würde des Menschen zu achten und zu schützen,
- Art. 20 GG definiert die Bundesrepublik Deutschland als demokratischen und sozialen Bundesstaat, dessen gesamte Staatsgewalt allein im Volke gründet.

Während alle anderen Artikel des Grundgesetzes durch parlamentarische Mehrheiten angepasst, verändert oder aufgehoben werden können, sind Änderungen der beiden oben genannten

---

[14] *Nur mal angenommen... S.43f*

Bestimmungen durch die sogenannte Ewigkeitsklausel des Art. 79 Absatz 3 GG unzulässig.

Politisches Handeln, ausgerichtet auf die Anforderungen des Amtseides und an den Rahmensetzungen des Grundgesetzes, sind eine ethisch komplexe Herausforderung. Parteipolitisch-strategisches Taktieren allein wird dieser Herausforderung nicht gerecht. Auch wenn dem Kanzler/der Kanzlerin eine Richtlinien-kompetenz zugeschrieben ist, kann kein Mandatsträger allein mehr die Komplexität seines Handelns überblicken. Fachkompetente, interdisziplinäre Beratung ist dringend notwendig, kann die Ent-scheidung selbst jedoch nicht ersetzen.

Die Corona-Krise stellt unser gesellschaftliches Wertesystem wieder auf die Füße. Die Sicherung der Gesundheitsvorsorge ver-drängte (kurzfristig?) die Profitorientierung und verwies die Wirt-schaft auf ihren in klassischer Theorie angestammten Platz der Gemeinwohlförderung.

Leitorientierung der Politik ist in der Krise nicht mehr, den „Wohlstand des Volkes zu mehren", was immer das auch heißen mag. Die Grundbedürfnisse der Menschen zu sichern wird zur zentralen Aufgabe des aktuellen Krisenmanagements.

Das Coronavirus bedroht das Schutzbedürfnis der Bürger. Die Abwendung von Verletzungen und Krankheit, die Sicherstellung intensivmedizinischer Hilfen und die Vermeidung eines ethischen Dilemmas der Triage erfordern politische Entscheidungen einer-seits und andererseits wesentliche selbstverantworteten Verhal-tensänderungen der Bürger.

Darum gehört neben den guten, sachgerechten Entscheidungen auch die öffentliche Vermittlung und Debatte der Entscheidungs-gründe. Politiker, die in Ausübung ihres Amtseids diesen Anfor-derungen gerecht werden, machen einen „guten Job".

Wenden wir uns vom Reflexionspunkt **R** den Erfahrungs-schätzen der Vergangenheit zu und gehen langsam zum Punkt **V**.

Ressourcen finden sich in der Vergangenheit

„Mehr als die Vergangenheit interessiert mich die Zukunft, denn in ihr gedenke ich zu leben." behauptete einst Albert Einstein (1879-1955). Doch auch dieser kluge Mann wusste, dass es für das Abenteuer „Zukunft gestalten" wesentlich ist, auf Erfahrungen zurückzugreifen und Ressourcen aktivieren zu können. Durch den gesellschaftlichen Mainstream auf INNOVATION getrimmt, fällt es modernen Menschen häufig schwer, sich in der Vergangenheit umzuschauen nach Hilfen für das Morgen. Dabei geht es nicht um die Rekonstruktion ehemaliger Zustände. Doch in der Auseinandersetzung mit früheren Zuständen entwickelten engagierte Denker und Akteure bislang zu gering beachtete und ungenutzte Konstruktionselemente zum Bau einer ethisch verträglichen Gesellschaft.

Langsam zur Markierung **V** gehend halten Sie Ausschau:
- Welche eigenen Erfahrungen stärken mich für das vorgesehene Engagement?
- Auf welche Fremderfahrungen kann ich, können wir, zurückgreifen?
- Wo haben sich bereits Bürger zu gleichen Anliegen zusammengefunden?
- Welche Konzepte und Projekte gibt es bereits, welche Blaupausen zur Zukunftsgestaltung bieten sie an?

Seien Sie erfreut, auf welche Fülle und Vielzahl an Konzepten und Projekten Sie stoßen, sobald Sie Ihr eigenes Interesse daran entdecken.

Erfahrungsschätze

Die Schatzkiste der Vergangenheit wird allzu häufig belächelt. An der Markierung **V** angekommen, lohnt die ruhige Umschau. Sobald wir die Schatzkiste früherer Einsichten und Erfahrungen öffnen, stehen wir vor einem überbordenden Gewusel von Vorschlägen, Mahnungen, Weisungen und Konzepten, wie wir uns verhalten sollen. Zwischenmenschliches Verhalten und dessen gesellschaftliche Auswirkungen sind längst nicht mehr Privatsache. Das soziale Leben wurde zum Themenschwerpunkt verschiedener Wissenschaften.

- **Sozialphilosophie** bringt Begriffsschärfe und sucht das theoretisch Richtige.
- **Sozialethik** sucht die Übereinkunft zum Verträglichen.
- **Sozialökonomie** richtet das Augenmerk auf sozialverantwortlich wirtschaftliches Handeln.
- **Sozialpolitik** sichert die gesellschaftliche Balance und den Lastenausgleich in den das Gemeinwesen bindenden gesetzlichen Regelungen.
- **Soziologie** gewinnt Einsichten aus dem Sozialverhalten der Menschen.
- **Sozialmedizin** analysiert die Wechselbeziehungen zwischen Gesundheit und Krankheit und den gesellschaftlichen Tatbeständen.
- **Sozialpsychologie** erforscht die Auswirkungen der tatsächlichen oder vorgestellten Gegenwart anderer Menschen auf das Erleben und Verhalten des Individuums.
- **Sozialtheologie** liefert theologische Reflexionen zwischenmenschlichen Verhaltens.
- **Sozialarbeit** organisiert Hilfestellung zur Integration sozial Benachteiligter.
- **Sozialpädagogik** sorgt sich um die Förderung sozial dienlichen zwischenmenschlichen Verhaltens von Personen, Institutionen und Organisationen.

Jede Disziplin hat ihre spezifische Perspektive, ihr gemeinsamer Sound aber lautet: Soziales Miteinander! Die verschiedenen Disziplinen im sozialen Kontext stehen zueinander wie die unterschiedlichen Instrumente eines Sinfonieorchesters.

Mein Blickwinkel ist der eines engagierten Christen und Sozialpädagogen. Aus über 40jähriger Berufserfahrung lenke ich Ihre Aufmerksamkeit auf einige Personen und deren Konzepte, die uns gute Konstruktionselemente für eine pluralistische, offene und demokratische Gesellschaft bieten. Konzepte, die der bürgerlichen Partizipation an politischen Entscheidungen den nötigen breiten Raum eröffnen.

Konstrukteure menschlicher Gesellschaft

„Die Definition von Wahnsinn ist, immer wieder das Gleiche zu tun und andere Ergebnisse zu erwarten." wird Albert Einstein häufig zitiert.

Wollen wir bei der Gestaltung der Zukunft nicht in einer Renovierung alter Zustände oder der Sicherung eines vermeintlich guten Status quo hängen bleiben, sollten wir uns bei Außenseitern und Querdenkern umsehen. Über deren Bedeutung nachzudenken wechseln wir erneut zum Reflexionspunkt **R**.

Spinner und Querdenker

„Eine Entdeckung macht man, wenn man sieht, was jeder gesehen hat, und dabei denkt, was keiner gedacht hat.", bemerkte der Medizin-Nobelpreisträger Albert von Szent-Györgyi (1893-1986). Wem solches gelingt, hat es selten einfach. Solcher Art Entdeckungen stehen im Widerspruch zum Mainstream. Sie können gängige Theorien zu Fall bringen. Sollte Expertenwissen ein Trugschluss sein? Die Experten sind darüber in der Regel gar nicht so begeistert. Viele haben eine berufliche Existenz mit ihrem Lehrgebäude errichtet. Das soll nun ein Leergebäude sein? Je weniger wir an unserer Weltsicht und uns selbst zweifeln, umso notwendiger sind Querdenker, die unser Weltbild aufbrechen.

Wenn es nicht so weitergehen soll, wie es immer ging, brauchen wir Menschen mit Mut und Verstand, es anders zu denken und zu machen. Bei Querdenkern und Quertuern werden wir Hinweise finden, die uns den Weg in die gewollte Zukunft ermöglichen.

*„Nicht jeder Spinner ist ein **Querdenker**. Wer nicht im Wissen zu Hause ist, kann nicht quer denken"*, meint Jürgen Renn (*1956), Direktor am Max-Planck-Institut für Wissenschaftsgeschichte in Berlin. Im Wissen bewandert kann Spinnen zum neuen kreativen Sichten führen. Wer nicht spinnen kann, kann nicht quer denken. Wer <u>nur</u> strukturiert denkt, mag ein überragender Strukturalist werden. Doch ohne Spinnereien verschenkt er die Gabe offener Kreativität.

Es wird nie einfach sein, verworrene Spinner, Verschwörungserzähler oder eigenwillige Querdenker zu unterscheiden. Naturwissenschaftliche Hypothesen lassen sich auf ihre Richtigkeit untersuchen – selbst wenn es Jahrzehnte dauern mag. Doch auch Berufsdenker der verschiedenen geistes- und sozialwissenschaftlichen Disziplinen müssen sich fragen lassen, ob ihre Gedankenkonstrukte nicht nur der ohnehin geforderten formalen Logik entsprechen, sondern auch in der gelebten Reflexion der Menschen verankert sind. Ist das nicht der Fall oder nicht erkennbar, wirft es die Frage nach der Begründung ihrer Theorien auf. Gründet die vorgetragene Theorie in einem Wolkenkuckucksheim oder ist es gar eine an verdeckten Interessen ausgerichtete Argumentation?

Gehen wir zurück zum Punkt **V** und schauen uns nach fundierten Querdenkern um. Verschiedene Einsichten wissenschaftlicher Querdenker lassen sich als Konstruktionselemente der Zukunftsgestaltung nutzen.

- Die Intuition sagt uns häufig, ob etwas passt oder nicht. Etwas mag zu groß sein, zu klein, zu tief, zu teuer oder zu störend. Das Wörtchen „zu" gibt uns den Hinweis auf das nicht Passende. Wann hat etwas die optimale Größe? Woran ist zu messen, ob etwas passt? Der Nationalökonom Leopold Kohr (1909-1994) befasste sich sein Leben lang mit der Frage nach der **optimalen Größe**. *„Das Hauptproblem unserer Zeit ist nicht national oder ideologisch, sondern dimensional. Es ist kein Problem von gesinnungsverblendeten Führern, aus bedeutenden Wirtschaftssystemen oder nationalen Charaktereigenschaften, sondern, wie bei Atomen, ein Problem der »kritischen« Masse, Menge, Größe.[...] Was Anarchismus predigt, ist, dass der Zweck der Schöpfung das Individuum ist, nicht die Gesamtheit. Das Maß aller Dinge ist daher der Mensch, nicht die Menschheit, die Gesellschaft, die Nation oder der Staat. Da der Mensch klein ist, müssen auch seine Institutionen – Familie, Betrieb, Wirtshaus, Spital, Dorf, Stadt, Gesangsverein – relativ klein bleiben, wenn sie ihn nicht zerquetschen sollen."[15]*

---

[15] Leopold Kohr, *The Breakdown of Nations*, 1957, dt. *Das Ende der Großen*, Salzburg, 2001, S.32f

- Mit dem Aufkommen der profitorientierten Wirtschaftsweise des Kapitalismus setzt auch die Kritik gegen den Siegesmarsch dieses Systems ein. Allgemein bekannt und bewusst ist die von Karl Marx vorgetragene Systemanalyse, welche zur Entwicklung von Sozialdemokratie und einem vielgestaltigen Marxismus beitrug. Nahezu aus dem Bewusstsein verschwunden ist die christliche **Fundamentalkritik an der Profitorientierung des Kapitals**. Die Sozialverbände und große Gruppen der Bevölkerung prägende christliche Sozialkritik konzentriert sich mehrheitlich auf die negativen Wirkungen des Kapitalismus, das System selbst findet prinzipielle Akzeptanz. Es waren nur wenige, herausragende christliche Denker, die bei ihrer Fundamentalkritik und Ablehnung des Kapitalismus blieben. Der Publizist Karl von Vogelsang (1818-1890), der Priester und ausgezeichnete Marx-Kenner Wilhelm Hohoff (1848-1923) sowie der Wirtschaftsethiker und Moraltheologe Johannes Kleinhappl (1893-1979) waren Wortführer der Minderheitenposition innerhalb der katholischen Kirche. Sie stellten fundierte Überlegungen vor für ein den Menschen gerechtes Wirtschaften und zahlten dafür einen hohen Preis.
Ein nie geklärter Lkw-Unfall mit Fahrerflucht kostete Vogelsang das Leben. Hohoff wurde als Gemeindepriester in ein sauerländisches Dorf verbannt, Kleinhappl wegen seiner Kritik an der päpstlichen Lehre zum Kapitalismus die Lehrerlaubnis entzogen.
Ihre Überlegungen bilden heute einen Grundstock für die Neubewertung des Kapitalismus im Christentum. Eine Neubewertung, die Papst Franziskus ausdrückt, wenn er sagt: *„Diese Wirtschaft tötet!"*.

- Soziale Strukturen entwickeln sich im reflektierten zwischenmenschlichen Handeln. Diese Einsicht verdanken wir dem Sozialphilosophen Johannes Heinrichs, (*1942), seinerzeit Professor für Sozialphilosophie an der Frankfurter Jesuitenhochschule Sankt Georgen. Er entdeckte in den 1970er Jahren diesen Zusammenhang von gelebter, wie ausdrücklicher Reflexion als eine dem Menschen immanente Logik zwischenmenschlichen Handelns und den sich daraus entwickelnden gesellschaftlichen Strukturen. Die von ihm erkannte Logik des Sozialen und die daraus entwickelte **Reflexionslogik** entfaltete Heinrichs zu revolutionären Vorschlägen einer neuen Verknüpfung von direkter und repräsentativer Demokratie.[16]

Schon mit einer kleinen Gedankenübung kommen wir dieser inneren Logik auf die Spur. Stellen Sie sich einen Moment eines Erwachens im für Sie ungewöhnlichen Kontext vor. Das könnte das Erwachen aus der Narkose im Krankenhaus sein. Beobachten Sie solches Erwachen wie unter einer Zeitlupe:

1) Ich bin wach, ich bin hier, ich nehme mich selbst wahr als **ICH BIN**.
2) Da sind **OBJEKTE**, Gegenstände im Raum (Infusionstropf, Überwachungsgeräte etc.).
3) Es sind **ANDERE** da, fremde Personen (Ärzte, Pflegepersonal, eventuell vertraute Angehörige).
4) Zwischen ICH, den OBJEKTEN und den ANDEREN gibt es Zusammenhänge – welche eigentlich? Was ist passiert? Welchen **SINN** macht das?

Dieses „Erwachen des Bewusstseins" etwa als Aufwachen im Klinik-Aufwachraum, geschieht als persönliches Ereignis auch im Übergang vom tiefen Schlaf zum Aufwachen: z.B. morgendliche Neuorientierung im fremden Hotel. Derartiges Erwachen nehmen wir im Alltagsgeschehen zumeist als Einheit wahr, laufen doch die genannten Schritte miteinander vermengt in kürzester Zeit ab. In gleicher Schrittweise erfolgt das „Erwachen des Bewusstseins" in der kleinkindlichen ICH-Entdeckung wie auch in den kulturellen Entwicklungsschritten der Menschheit.

In dieser Wahrnehmung gründend reagieren wir, gehen wir in Resonanz, wie es die Hirnforscher bezeichnen. Diese Resonanz als gelebte Reflexion ist aber auch der bewussten Wahrnehmung, der ausdrücklichen Reflexion zugänglich.

• Politische Entscheidungen binden das Gemeinwesen und somit alle Bürger. Wer aber von einer Entscheidung betroffen ist, sollte auch Einfluss auf sie nehmen können. Die Qualität getroffener Entscheidungen hängt wesentlich von den angewendeten Entscheidungsverfahren ab. Wie lässt sich ein allgemeingültiges Maß für die Qualität demokrati-

---

[16] *Johannes Heinrichs, Revolution der Demokratie, MAAS Berlin, 2003*

scher Entscheidungen finden? Erforschung und Erprobung eines solchen Entscheidungsverfahrens beschäftigte die Systemanalytiker Siegfried Schrotta (*1934) und Erich Visotschnig (*1939) über zwei Jahrzehnte. Jeder, der von einer Entscheidung betroffen ist, sollte auch die Möglichkeit haben, auf sie Einfluss nehmen zu können. Mit diesem Ziel erfanden sie ein Verfahren, in dem die Gruppe die vorhandene Vielfalt der Meinungen nutzt, um möglichst viele Vorschläge zu entwickeln. Davon wird der mit der breitesten Akzeptanz gewählt. Dieses Verfahren nennen sie **Systemisches Konsensieren**. Es misst die Widerstände gegen die einzelnen Vorschläge und belegt so im Umkehrschluss messbar die höchste Akzeptanz. *„Wenn wir die Vielfalt in unserer Welt und die Meinungsvielfalt der Menschen nicht eindämmen, sondern ihr Raum geben wollen, wenn wir wollen, dass sie nicht störend, sondern befruchtend wirkt, dann müssen wir ein Entscheidungsprinzip verwenden, welches diese Vielfalt zu nutzen versteht. "*, schreibt Erich Visotschnig in seinem Buch „Nicht über unsere Köpfe", und betont: *„Wenn Vielfalt stört, bleibt Einfalt übrig! ".* [17]

- Lebendige Systeme sind geprägt von komplexen, letztlich undurchschaubaren Wirkungsketten. Anders als funktionale Apparate mit festgelegten Algorithmen lassen sich lebendige Systeme nicht steuern. Eine Einflussnahme ist allein durch gut bedachte Impulse möglich. Was dabei zu bedenken ist und was gute Impulse ausmacht, dazu hat der Biologe Frederic Vester (1925-2003) wichtige Vorarbeiten geleistet. Die von ihm entwickelte **Sensitivitätsprüfung** verschafft Orientierung zum Handeln in und mit lebendigen Systemen.
1988 schrieb Vester: *„Würde ich mich als Manager, der die Gegenwart und Zukunft zu meistern vermag, verstehen, würde ich daher*
  - *das zu kontrollierende System vor allem als offenes komplexes System in Wechselwirkung mit seiner Umwelt betrachten und in seiner Kybernetikdynamik zu erkennen suchen,*
  - *die Budgetierung des klassischen Controlling nur im Feedback zu einem jederzeit einsatzbereiten, auf einer genetischen Frühwarnung beruhenden Krisenmanagement vornehmen und beurteilen,*
  - *eine Art Systemverträglichkeitsprüfung einführen, die z. B. die acht biokybernetischen Grundregeln als Checkliste für das Generalziel*

---

[17] *Erich Visotschnig, Nicht über unsere Köpfe, oekom München, 2018*

»gesteigerter Überlebensfähigkeit« benutzt und weitere Instrumente der Sensitivitätsanalyse einsetzt. "

Vester plädierte für eine neue zukunftsorientierte Arbeitsweise:

- *„Machen wir uns die relativ einfachen Regeln der Lebewelt zu eigen.*
- *Bequemen wir uns zu einem neuen Arbeiten und Gestalten mit der Natur, statt gegen sie, d.h. nach ihren vorteilhaften Organisationsprinzipien.*
- *Erhalten wir ihre selbstregulierenden Kräfte und profitieren wir von ihnen!*
- *Bequemen wir uns zu einer Evolution unserer Wirtschaftsweise, die die Natur beherrscht, nicht weil sie sie vergewaltigt, sondern weil sie ihr gehorcht! "[18]*

Diese zum Mainstrem quer denkenden Wissenschaftler lieferten tragfähige Konzepte, deren Tragtüchtigkeit sich in vielen Projekten erweist.

Gehen wir erneut von **V** zum Reflexionspunkt **R**.

Von der Einsicht zum Handeln

Was ist mit den Ideen weiterer Kultur- und Staatskritiker? Was ist mit der „sozialen Plastik" des Joseph Beuys (1921-1986)? Wo bleiben Platon, Aristoteles, Rousseau, Montesquieu, Hobbes oder Kant? Wo bleiben die Hunderte Denker, Philosophen und politischen Reformer, deren Konzepte unsere Demokratie und Staatswesen formten?

Die im vorigen Kapitel empfohlenen Denker stehen auf den Schultern der alten Lehrer. Doch stellten sie die für die moderne Zeit notwendigen neuen Fragen und fanden neue, weiterführende Antworten. In der Welt der Technik sind uns solche Weiterentwicklungen geläufig. Die Erfindung des Laufrades durch Karl Freiherr von Drais (1785-1851) war eine epochale Erfindung. Wer

---

[18] *Frederic Vester, Leitmotiv vernetztes Denken, Heyne München, 1989, S. 173*

aber würde heute noch mit solchem Laufrad an der Tour de France teilnehmen? Auch im Alltag sind uns moderne Fahrräder und E-Bikes lieber.

Theoretische Klarheit, präzise Begriffe und Kategorien sind notwendig, sollen sie Orientierung für die Praxis geben. Die theoretischen Erkenntnisse und Einsichten umzusetzen, führten zu einer Fülle von Initiativen und Projekten.

In seiner Zeit als Direktor des katholisch-sozialen Instituts der Erzdiözese Köln in den Jahren 1990-2005 sammelte Joachim Sikora (*1940) Projektberichte und Reformkonzepte und veröffentlichte sie in mehreren Vision-Readern[19]. Die dort beschriebenen Visionen sind keine Utopien. Sie sind nicht Zeit und Raum entzogen wie einst Aldous Huxleys „Schöne neue Welt". Dieser 1932 erschienene Roman beschreibt eine Gesellschaft in einer über 500 Jahre entfernten Zukunft, in der „Stabilität, Frieden und Freiheit" gewährleistet scheinen. Doch Tätigkeitsgesellschaft, Gemeinwohlökonomie, ökologische Agrarwende oder dezentrale Energiegewinnung und -speicherung sind keine Fantasien, sondern durchdachte Konzepte. Sie sind erreichbare Möglichkeiten einer gesellschaftlichen Wirklichkeit. Schauen wir uns um und gehen dazu vom Reflexionspunkt **R** ein weiteres Mal auf **V**.

Wegweisende Initiativen

Zur Humanisierung unseres Lebens wurden in den vergangenen Jahrzehnten wirksame Ansätze konzipiert:

- Gemeinsam mit Gewerkschaften entwickelten katholische Sozialverbände das Cappuccino-Rentenmodell mit den Elementen solidarische, gesetzliche Rentenversicherung (Kaffee), betriebliche Altersvorsorge (Milchschaum) und private Altersvorsorge (Kakaopulver). In Deutschland blieb dieses Modell bislang eine politische Forderung der Verbände. Ein gleiches System in den Nie-

---

[19] *Joachim Sikora, Vision-Reader I und II, tredition Hamburg, 2012*

derlanden sorgt dafür, dass dort die Arbeitnehmer etwa 100 % ihres letzten Erwerbseinkommens auch als Rentner behalten.

- Verschiedene Varianten eines Grundeinkommens wurden entwickelt und durchgerechnet. Sie sind getragen von der Vision einer gerechteren Gesellschaft, in der alle Menschen an der wirtschaftlichen Gesamtleistung der Gesellschaft partizipieren und unabhängig von ihrer Erwerbsarbeit ein menschenwürdiges Leben haben.

- Dezentrale wirtschaftliche Leistungskreisläufe mit klarem Stoffkreislauf-Management sichern wirtschaftlichen Aufschwung und Stabilität in den zahlreichen Regionen eines Landes. Sie fördern die soziale Sicherheit im angestammten Lebensraum und mindern die Entwicklung übergroßer Ballungsräume. Solche dezentrale Wirtschaft wird gestützt durch komplementäre Währungen in der Region.

- Durch Bürgerbefragungen, Planungszellen, Runde Tische oder Bürgerbüros versuchen Kommunen, ihre Bürger frühzeitig in politische Beratungen einzubeziehen. Bis hin zur Mitentscheidung in einzelnen Haushaltspositionen wurde die Partizipation der Bürger ausgeweitet. Langwierige Verfahren vom Bürgerbegehren bis hin zum Volksentscheid können politische Themen auf die Tagesordnung der Parlamente setzen, oder parlamentarische Beschlüsse aufheben.

Ressourcen einsammeln

Nun gilt es, auf dem Weg von **V** nach **G**, also von der Vergangenheit in die Gegenwart, die gefundenen Erfahrungen einzusammeln. Packen wir also unseren Werkzeugkoffer zur Zukunftsgestaltung:
- das menschliche Maß als optimale Größe nach den Erkenntnissen des Nationalökonomen Leopold Kohr,
- die Reflexionslogik des Sozialphilosophen Johannes Heinrichs,

- die Kapitalismuskritik seit Karl Marx, Karl von Vogelsang, Wilhelm Hohoff, Johannes Kleinhappl bis zu Papst Franziskus,
- das Systemische Konsensieren der Systemanalytiker Siegfried Schrotta und Erich Visotschnig,
- die Sensitivitätsprüfung des Biologen Frederic Vester.

Mutmacher für unser Engagement können sein die unzähligen Menschen, die sich in thematisch unterschiedlichen NGO, Verbänden und Projekten für eine menschengerechte Zukunft einsetzen.

Wahrnehmen zukunftsförderlicher Praxis

Auch die Erfahrungen realisierter Projekte und Initiativen gehören in unseren Werkzeugkoffer. Längst ist nicht mehr nur Theorie, was unsere Welt vor dem Kollaps bewahren kann.

- Die Gemeinwohl-Ökonomie hat Tritt gefasst. Immer mehr Unternehmen erstellen ihre Gemeinwohl-Bilanzen und orientieren sich um zu einer den Menschen dienlichen Ökonomie. Sie nehmen Abschied vom Konzept einer profitorientierten Creamatistik, die vor allem das Ziel verfolgt, sich durch gewerbsmäßiges Tauschen und Feilschen zu bereichern. Wer sich von der realen Gemeinwohl-Ökonomie beeindrucken lassen will, mag mit einer der über 2000 Unternehmen Kontakt aufnehmen, die sich weltweit in der Gemeinwohl-Bewegung engagieren. Rund 500 haben bislang ihre Gemeinwohl-Bilanzen erstellt und veröffentlicht.[20]

- Automobilarme, bürgerfreundliche Mobilität und neue soziale Urbanität erleben Sie nicht nur in diversen niederländischen Städten. Auch Oslo, Barcelona, Kopenhagen oder Paris zählen zu den Vorreitern solcher Modernität.

- Wie man Wirtschaftsleistung und Kaufkraft trotz Globalisierung und übernationaler Währungsräume in der eigenen Region nutzbar macht, belegen funktionierende Komplementärwährungen. Überzeugende Projekte im deutschsprachigen Raum sind beispielsweise:
  o der „Chiemgauer" im bayerischen Landkreis Prien,

---

[20] https://deutschland.ecogood.org/de/die-bewegung/pionier-unternehmen

o „Talente" im österreichischen Vorarlberg.
  Sie und weitere Regionalgeld-Initiativen haben sich zusammenge-
  schlossen im Regionalgeld-Verbund.[21]

- Effektive Mikroorganismen (EM) stützen den Wechsel von anti-
  biotischen zu pro-biotischen Stoffkreisläufen der Natur. Das mikrobiel-
  le Milieu verändert sich und befreit Agrarwirtschaft, Hygiene und Gesundheit von den Nachteilen chemischer Einflussnahmen. Im Chiem-
  gau trugen die EM längst zur fälligen biologischen Agrarwende bei.[22]

- Terra pretta, eine in den Amazonaskulturen wieder entdeckte Form der
  Kompostierung, fördert die Humusbildung und wirkt der Zerstörung
  der Erdschichten durch Erosion entgegen.[23]

- Dezentrale Gewinnung und Nutzung regenerativer Energien geht
  längst über die Horizonte verschandelnde Windmühlen hinaus. Durch
  kleine Windkraftwerke auf Hausdächern, an Dachkanten oder Hausfas-
  saden eingefangener Wind wird in elektrische Energie umgewandelt,
  direkt genutzt oder ins Netz eingespeist. Balkonkraftwerke erlauben
  die direkte Nutzung der Sonnenenergie im Haushalt. Wirbelstromanla-
  gen wandeln die Energie des Wassers in elektrische Energie um.

- Das Genossenschaftsmodell ist seit einigen Jahren anerkanntes Welt-
  kulturerbe. Dass sie nicht nur sinnvoll und geeignet sind für bäuerliche
  Kooperationen oder gemeinwohlbezogene Banken, sondern für alle
  Arten der Produktion und Dienstleistungen, belegt eindrucksvoll die
  Mondragón Corporacion Cooperativa (MCC). 1956 gegründet,
  entwickelte sich die Kooperative zum siebtgrößten Unternehmen Spa-
  niens. Der Mischkonzern hat seinen Sitz in Mondragón im spanischen
  Baskenland und ist global tätig. Mehr als 100 Unternehmen gehören
  zur MCC. Dazu zählen Unternehmen im Maschinenbau, Automobilin-
  dustrie, Haushaltsgeräten, Bauindustrie, Banken und Versicherungen.
  Im Einzelhandel gehört die den Spanienurlaubern bekannte Super-

---

[21] www.regiogeld.de
[22] https://www.bio-bahnhof.de/Effektive-Mikroorganismen
[23] https://www.nabu.de/umwelt-und-ressourcen/oekologisch-leben/balkon-und-garten/trends-service/trends/20401.html

marktkette Eroski zur Kooperative, genauso wie 15 Technologiezentren. Die Mondragón ist damit nach eigenen Angaben die größte Produktiv-Genossenschaft der Welt. Ende 2005 waren 81% der 78.455 Arbeitnehmer Vollmitglieder der Genossenschaft. Die Schaffung von Arbeitsplätzen hat immer noch Vorrang vor Kapitalinteressen. Seit der Gründung der Genossenschaft wurde im Gegensatz zu anderen Industrieunternehmen kein Stellenabbau durchgeführt.

Mondragón ist weit mehr als ein Langzeitexperiment. Die Kooperative ist ein Musterbeispiel gegen die vorherrschende Ideologie des liberalen Kapitalismus.

* In bundesweit etwa 400 Kommunen wird der Sinn bürgerschaftlicher Beteiligung erkannt und in verschiedenen Konzepten umgesetzt.

Es sind Gemeinwesen, und Staaten als deren Rechtsform, zu entwickeln, die auf das Gemeinwohl ihrer Bürger ebenso wie auf das Wohl aller Erdbewohner ausgerichtet sind. Die Strukturen dieser Staaten müssen sich resilient erweisen gegen immer wieder auftretende Störungen und Krisen. Resilienz[24] brauchen sie gegen unsere eigene menschliche Beschränktheit, die sich in Habgier, Streitsucht und so manch andere unschöne Formen ihren Ausdruck sucht.

Erlauben wir uns einen weiteren reflektierenden Blick auf diese Entwicklung und gehen ein weiteres Mal von **G** auf **R**.

Ressourcen zu Kompetenzen entwickeln

Noch bewirken diese lebensfördernden Ansätze und Projekte nicht den notwendigen gesellschaftlichen Wandel, den wir zur Bewahrung der Schöpfung brauchen. Noch sind wir selbst weitgehend untrainiert, die vielfältigen guten Wege in ihren Verbindungen und Interdependenzen zu betrachten. Noch ist unser vernetztes Denken zumeist ungeschult. Protagonisten einzelner, auch un-

---

[24] *Resilienz oder psychische Widerstandsfähigkeit ist die Fähigkeit, Krisen zu bewältigen und sie durch Rückgriff auf persönliche und sozial vermittelte Ressourcen als Anlass für Entwicklungen zu nutzen*

terschiedlicher Lösungskonzepte, behaupten oft ihren Ansatz als die optimale Lösung. Da kann es vorkommen, dass ein Abweichen von der „reinen Lehre" als illoyal angesehen und geahndet wird. Mehrheitlich aber mache ich andere Erfahrungen.

In der Grundhaltung des „sowohl als auch" werden die anderen Konzepte akzeptiert. Erfahrungsaustausch auf Tagungen und Seminaren bieten stets guten Mehrwert und Anregung zur Kooperation.

Um im Tohuwabohu der vielfältigen, unterschiedlichen und teils widersprüchlichen Infos und Meinungen einen klaren Kopf zu behalten – statt ihn in den Sand zu stecken – ist es sinnvoll, die eigene Reflexionsfähigkeit, das Verständnis kybernetischer Dynamik als auch die Herbeiführung breit akzeptierter Entscheidungen systematisch zu schulen. Zwar sind es Fähigkeiten, die jedem Menschen innewohnen. Doch erst trainiert und entfaltet helfen sie, die Komplexheit des Alltags- und Weltgeschehens zu bewältigen. Ansonsten stünden wir in der Gefahr, dass uns diese Komplexität als „zu kompliziert" über den Kopf wächst. Es braucht geschulte Erfahrung, um die gefundenen Konstruktionselemente sach-und zielgerecht zu nutzen.

Beigetragen zur Zukunft

Gehen Sie von **R** ein weiteres Mal zum Zukunftspunkt **Z**. Betrachten Sie von dort aus, was Sie beitragen konnten, die gewünschten Zukunftsbilder zu verwirklichen.

- Sie haben sich Verbündete gesucht, sich mit Kollegen, Freunden und anderen Engagierten getroffen. Dort, in Projektgruppen oder Verbänden entwickelten Sie, reflexionslogisch und kybernetisch kompetent, Ideen und Lösungsvorschläge für politisch anstehende Sachfragen.
- Ihre und viele weitere Vorschläge engagierter Bürger flossen systemisch konsensiert ein in die Beratungen der Volksvertreter ihrer Kommune und der Parlamente. Damit nahmen Sie wesentlichen Einfluss auf die Sie und das gesamte Gemeinwesen bindenden politischen Entscheidungen.

Noch aber befinden wir uns in einer Zukunftsphantasie. Noch gilt es erst, in der Realität dorthin zu kommen. Doch dieser Weg dahin ist geprägt von Widerständen und Hindernissen.

Hindernisse und Stolpersteine

Diese zu betrachten gehen wir langsam von der Position der Zukunft **Z** regnostisch in die Gegenwart **G** und betrachten dabei, was zu überwinden war, um die Visionen zu verwirklichen.

Ziele, vor allem sozial- und kulturpolitische Ziele, sind seit jeher nur auf sehr schwierigen Wegen zu erreichen. Der Weg ist mit Stolpersteinen gepflastert, die sich aus inneren Widerständen und Mängeln als auch aus machtvollen äußeren Widerständen formen. Sie erinnern sich an unsere "Zukunftsformel":

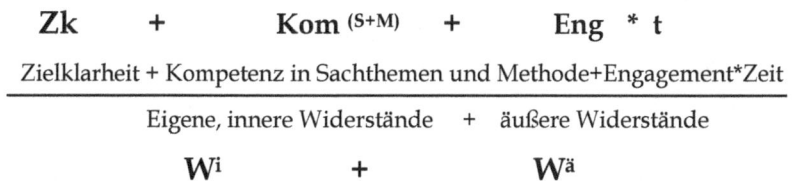

$$\frac{\text{Zk} \quad + \quad \text{Kom}^{(S+M)} \quad + \quad \text{Eng} * t}{\text{Zielklarheit} + \text{Kompetenz in Sachthemen und Methode} + \text{Engagement} * \text{Zeit}}$$

Eigene, innere Widerstände + äußere Widerstände

$$W^i \quad + \quad W^ä$$

Äußere Widerstände finden wir in der Lobby der Profitler. Wem bestehende Strukturen zum Vorteil gereichen, ist nur in seltensten Fällen zu ihn belastenden Strukturänderungen bereit. Solche Profiteure finden sich in sämtlichen Teilbereichen und Teilsystemen der Gesellschaft. Sie finden sich in den Feldern der Politik, der Wirtschaft, der staatlichen Exekutive, den Organen der Justiz ebenso wie in den Medien, der Forschung oder der Bildung.

Eine weitere Quelle äußerer Widerstände findet sich im Beharrungsvermögen der Bevölkerung. Die Taube auf dem Dach wirkt nur selten verlockender als der Spatz in der Hand. Bestehende und eingefahrene Verhältnisse formen Strukturen und Regelsysteme, die gegenüber Neuerungen sehr widerstandsfähig sind.

Derartige Widerstände lassen sich nur solidarisch überwinden in einer Form der Solidarität, die auch die widerständigen Menschen einbindet. Damit sie nach und nach erkennen, dass die angestrebten Neuerungen auch ihnen Vorteile bringen.

Innere Widerstände erfordern persönliche Entwicklung. Mangelndes Methodenwissen kann durch Lernprozesse in Methodenkompetenz gewandelt werden. Persönliche Kommunikationsqualität lässt sich steigern und geschulte Mustererkennung hilft, mit der wachsenden Dynaxität des Lebens (Komplexität potenziert mit Dynamik) fertig zu werden. Das Wissen um systemische Konstruktionselemente gesellschaftlicher Entwicklungen fördert die Konzeption tragtüchtiger Lösungen.

Das Dilemma der Vielfalt

„Das geht ja gar nicht!" – *„Das kann man doch nicht machen!"*, sind typische Anmerkungen im Alltagsgeschehen, wenn uns ungewohntes oder gar fremdes Handeln anderer Personen irritiert. Wie zulässig sind für uns die uns ungewohnten Ansichten und Handlungen der Mitmenschen? Können wir deren Fülle und Vielfalt ertragen?

Wie wäre es mit einem Gedankenexperiment? Gehen wir dazu erneut auf den Reflexionspunkt **R**.

An anderer Stelle[25] hatte ich die Gestaltungsvielfalt beschrieben, die sich allein aus dem Zusammenwirken von 34 unterschiedlichen Bauklötzchen ergeben kann.

Nach der Formel $(2^{\wedge}(n*(n-1)/2))$ ergibt sich bei 34 Elementen die Hexadezimalzahl 7,5479E168, also eine Zahl mit 168 Stellen vor dem Komma. Mit hoher Wahrscheinlichkeit teilt jeder die Auffassung, dass es mehr als 34 akzeptable und zulässige Handlungsarten für Menschen gibt. Allein nach dieser Formel wären das dann schon

7.547.924.894.643.080.000.000.000.000.000.000.000.000.000.000
.000.000.000.000.000.000.000.000.000.000.ooo.000.000.000.000.000.000

---

[25] *Nur mal angenommen...*, S. 134

.000.000.000.000.000.000.000.000.000.000.000.000.000.000.000.000
.000.000.000.000.000.000.000.000.000.000.000.,00 unterschiedliche Weisen, miteinander akzeptabel und zulässig umzugehen.

Johannes Heinrichs bietet uns weitere Möglichkeiten zur Wahrnehmung der ungeheuren Vielfalt. Gemeinsam mit dem Enneagramm-Lehrer Korai Peter Stemmann rekonstruierte er die Weisheitslehre des Enneagramms.[26] Die in dieser esoterischen Lehre beschriebenen 9 Charakterarten entfaltete Heinrichs durch den Rückgriff auf die Entwicklungsprägung zu 9 Charaktertypen je Charakterart.

Damit wären wir bei 81 unterschiedlichen Charaktertypen der Menschen.

Nach Heinrichs reflexionslogischer Handlungslehre umfasst das Handlungsspektrum der Menschen:
1) objektbezogenes Handeln,
2) innersubjektives Handeln,
3) soziales Handeln,
4) Ausdruckshandeln.

Jede zwischenmenschliche Handlung umfasst immer alle vier Elemente dieses Spektrums, allerdings mit je unterschiedlichen Gewichtungen. Heinrichs ordnete diese Gewichtungen in einem Periodensystem von Handlungsstämmen, -arten, -typen und -klassen. Aus 4^4 ergeben sich 256 Handlungsklassen für die Vielfalt menschlicher Handlungen. Jede der 256 verschiedene Handlungsklassen kann durch die 81 Charaktertypen des Enneagramms auf eigene Art genutzt werden.

In der Formel für die Gestaltungsvielfalt der Bauklötzchen steht der Platzhalter n für die Zahl 34. Kombinieren wir Enneagramm und Handlungslehre, müssten wir als n für die Fülle zwischenmenschlicher Handlungsmöglichkeiten eine neue Zahl einsetzen: 256*81= 20.736!

---

[26] *Johannes Heinrichs und Korai Peter Stemmann, Das Enneagramm, Beltz Weinheim und Basel, 2015*

Da versagt selbst Excel und unser Kopf würde platzen vor der Fülle dessen, was zwischen knapp 8 Milliarden Menschen geht und „man doch machen kann".

Gehen wir zurück von **R** auf den Weg zwischen **Z** und **G**.

Das Vierte Reich ist möglich

In politischen Witzen der Nazizeit tauchte das Wort vom Vierten Reich auf. Es verspottete die Allmacht- und Ewigkeitsphantasien des Hitler-Regimes derart, dass das Reichsministerium für Volksaufklärung und Propaganda 1939 die Bezeichnung „Drittes Reich" untersagte.

Dieser Begriff war von der völkischen Bewegung und den Nationalsozialisten seit den 1920er Jahren propagandistisch eingesetzt worden. Hiermit wollten sie die von ihnen angestrebte Diktatur in eine Traditionslinie mit dem 1806 untergegangenen Heiligen Römischen Reich und dem 1871 gegründeten Kaiserreich stellen und legitimieren. Die Weimarer Republik sollte so geschichtlich ausgegrenzt und delegitimiert werden.[27]

In politischer Diskussion nach dem zweiten Weltkrieg wird „Viertes Reich" unterschiedlich verwandt. Mal ist eine Renaissance des Nationalsozialismus gemeint, mal der fortbestehende Einfluss alter Nazis in der bundesdeutschen Elite der 1950er Jahre.

Heutzutage taucht dieser Begriff auf als Synonym für Polizeistaat oder Überwachungsstaat, in dem die Bevölkerung mittels Propaganda der Massenmedien kontrolliert wird.

Das Abgleiten eines republikanischen Staates in einen Obrigkeitsstaat ist möglich, wie selbst die EU-Mitgliedsländer Ungarn oder Polen zeigen.

Krisenpolitik kann solche Entwicklung beschleunigen. Beschränkungen der Bürger- und Menschenrechte können dann zur

---

[27] *Siehe auch:* https://de.wikipedia.org/wiki/Viertes_Reich

Staatsräson missbraucht und mithilfe von Polizei und/oder Militär durchgesetzt werden. So nutzte der türkische Präsident Erdogan den angeblichen Putsch 2017 zum Aufbau seiner Präsidial-Diktatur. Victor Orbán setzte 2020 per Notstandsrecht das ungarische Parlament außer Kraft.

Auch wenn es nicht unbedingt wahrscheinlich ist, kann doch von machtgierigen Politikern das Konzept der Republik gegen die Bürger gerichtet werden. Hier sind Wachheit und Wachsamkeit demokratischer Bürger und Politiker ein notwendiger Schutz vor Entgleisungen.

Entscheidung wird fällig

So reflektierend angekommen beim Gegenwartspunkt **G** ist uns erneut bewusst und durch die Krise verschärft: das eigene wie das gesellschaftliche Leben sind in ständigem Wandel. Diese Einsicht führt nun allerdings zur Entscheidung:

- Lassen wir uns einfach zurückfallen in den Fluss der Entwicklungen und wundern uns gelegentlich, was da so geworden ist,
- oder beteiligen wir uns aktiv und reflektierend an dieser Entwicklung, ausgerüstet mit Visionen und gestärkter Kompetenz?

Schlussbetrachtung zur TIMELINE

Sich wieder von **G** auf den Reflexionpunkt **R** stellend, findet die TIMELINE dann ihren Abschluss, wenn wir uns klarer wurden über die Zukunftswünsche, die gegenwärtige Situation, die nutzbaren Ressourcen und die wahrscheinlichen Hindernisse. Klarer, nicht endgültig klar.

Vermutlich und völlig zu Recht werden Ihnen bei Ihrer eigenen TIMELINE-Partie andere Bilder, Ideen und Ressourcen bewusst werden, als ich sie hier angeboten habe. Es ist gerade diese faszinierende Vielfalt, die mich optimistisch in die Zukunft blicken lässt.

Gemeinsam haben wir gute Chancen, wenn es uns gelingt, dieser Fülle an immer wieder auftauchenden Ideen gerecht zu werden. Gerecht werden würde bedeuten, Verfahren zu nutzen, welche fördern, die Ideen zu Lösungskonzepten auszuarbeiten und sie in einem konsensorischen Prozess zu politischer Entscheidung führen. Die klassische republikanische Repräsentanz durch vom Volk gewählte Parteivertreter reicht dazu heute nicht mehr aus.

Nun sind die Bürger gefordert, nicht nur zu fordern, sondern in konstruktiven Dialogen mit Politikern die Entscheidungen vorzubereiten. Die Politiker seinerseits tun gut daran, diese Dialoge engagiert zu fördern und zu nutzen, wollen sie ihre Wiederwahl nicht verspielen.

Die menschenwürdige Gestaltung gesellschaftlicher Zukunft braucht eine große Anzahl Bürger, die mit brennendem Herzen und kühlem Sachverstand, aber auch mit strategischer Kompetenz die Herausforderung angehen. *„Probleme kann man niemals mit derselben Denkweise lösen, durch die sie entstanden sind."* gibt Albert Einstein mit auf den Weg. Es wird also Zeit, andere Strategien als die bisherigen anzuwenden. Diese Strategien sind erlernbar und trainierbar. Wer sie kennt und beherrscht, kann zum Moderator bürgerschaftlichen Engagements werden.

Zugegeben, das eigene Engagement für die Zukunft auf einer TIMELINE zu konzipieren ist um einiges anstrengender und aufwendiger, als in einem in die Zukunft projizierten Café sitzend, sich inaktiv und regnosend ein mögliches Entwicklungs-Szenario anzuschauen und sich über die eingetretene Entwicklung zu wundern. Bei aller Anstrengung – Hand aufs Herz: reicht Ihnen ein passives Erleben der Veränderungen, denen Sie sich anpassen oder wollen auch Sie aktiver Mitgestalter der Veränderungen sein?

Sie entscheiden, wie Sie sich den Herausforderungen der Zukunft stellen.

Manche bleiben bei ihren Zielen und werden bei bisheriger Strategie noch AKTIVER.

Andere bleiben auf ihrem Kurs bis zum Hindernis, um dann das Steuer REAKTIV herumzureißen.

Zu wenige nutzen die über das Aktionsziel reichende Orientierung, um frühzeitig und KREATIV neue Wege und Strategien durchzuspielen.

Sieben Buchstaben, doch drei verschiedene Formen ihrer Gestaltung.

Choreographie zum Engagement

Die politischen Entscheidungen im Kontext der Corona-Krise reduzieren sich nicht nur auf den Lockdown und dessen Lockerungen.

Kurzarbeitergeld, Haushalts- und Erziehungshilfen, Soforthilfe für Kleinunternehmer und Mittelständler oder ungezählte Kreditbürgschaften milderten die finanziellen Folgen des Lockdown. Eine erhöhte Staatsverschuldung wurde hingenommen, die Kostenfrage auf die Zukunft verschoben. Dennoch wird in vielen Branchen mit einer hohen Anzahl von Insolvenzen infolge des Lockdown gerechnet.

Die Zeche wird irgendwann zu zahlen sein. Alle bisherigen Erfahrungen zeigen, dass sie von den Bürgern zu zahlen ist – möglicherweise gar erst von den nachgeborenen. Zukünftige Haushaltspolitik in Bund, Ländern und Kommunen wird wieder zu strikter Sparpolitik führen. Dabei drängt sich die Frage auf, bei wem wird in welchem Maß gespart? In traditioneller republikanischer Politik werden die verschiedenen Interessen in der politischen Kampfarena aufeinandertreffen.

Die Staaten verschulden sich für ihre Förderprogramme. Bei wem nehmen sie die Kredite auf? An wen haben die Bürger die Schuldverschreibungen zu welchem Zins zurückzuzahlen? Wer sind die Gewinner dieser Rückzahlung? Wer weiht die verpflichteten Bürger in die Geheimnisse der Finanzpolitik ein? Ohne diese Einblicke bleibt ihre politische Verantwortung kraft- und wirkungslos. Um soziale Spannungen und Konflikte zu entschärfen oder zu vermeiden, werden neue demokratische Formen und Strategien nötig. Die Beteiligung der Bürger an den Beratungen und Entscheidungen kann zur Akzeptanz auch gravierender Beschlüsse und zur Befriedung der Gesellschaft führen.

Wann / wie endet die Krise?

Noch ist nicht abzusehen, wann die Beschränkungen wieder vollständig aufgehoben sein werden. Möglicherweise führen die Lockerungen auch zu einem epidemischen Wellenreiten. Lehren aus dem politischen Krisenmanagement lassen sich inzwischen aber schon ziehen.

- Nach internationaler Banken-Krise 2008 und Euro-Krise 2009 begründet die Corona-Krise erneut die Vermutung, für Stützungs- und Förderprogramme sei genug Geld da, sobald eine Regierung die politische Notwendigkeit erkennt. Je nach Situation ist allerdings fraglich, was als politische Notwendigkeit erkannt wird, und ob diese Erkenntnis von Bevölkerung und Wählerschaft geteilt wird. Das Auftreten der Corona-Pandemie schuf eine nur schwer kalkulierbare Entscheidungssituation. Das unbekannte Virus drohte die Gesundheitssysteme zu überlasten mit höchst dramatischen Folgen für die Bevölkerung. In der Mehrzahl der betroffenen Länder entschieden sich die Regierungen für eine Variante des Lockdown. Dabei nahmen sie massive wirtschaftliche Schäden für diverse Branchen in Kauf. Das trotz aller Mängel gute Gesundheitssystem der Bundesrepublik konnte vor der Überlastung verschont werden. Die nach den Krisen von 2008 und 2009 wiedergewonnene Wirtschaftskraft Deutschlands ermöglichte nun, mit flankierenden sozial-politischen Nothilfen existentielle Bedrohungen teilweise abzufedern. Das vorerst beschlossene Ende der „Schwarze-Null-Strategie" fand die breite Akzeptanz der Bürger.

- Die Corona-Pandemie und die politischen Entscheidungen zum Schutz vor ungezügelter Ausbreitung und einem Kollaps des Gesundheitssystems nötigen uns nicht nur die vielfältigen Einschränkungen von Freiheitsrechten auf. Sie eröffnen auch die Chance, unseren bisherigen Lebensstil und unser Konsumverhalten selbstkritisch zu prüfen. Diese Krise schafft ein Experimentierfeld, im sozialen Miteinander, in der Entfaltung gesellschaftlicher Kultur, im Umgang mit der Natur, aber auch in neuen, gemeinwohlfördernden Formen des Wirtschaftens neue Lebensqualität zu entdecken.

- Sehr leicht können geschichtlich erkämpfte Grund- und Menschenrechte zur Verfügungsmasse des Krisenmanagements geraten. Um die Grundrechte vor derartigen Zugriffen zukünftig zu schützen, ist das Handeln der Exekutive stärker als bislang an parlamentarische Kontrollen und einen reflektierten Willen der Bürger zu binden. So wäre es zu überlegen, die Notstandsbestimmungen des Grundgesetzes über Spannungsfall, inneren Staatsnotstand, Gesetzgebungsnotstand und Katastrophenschutz hinaus auch auf Phänomene wie Epidemien und Pandemien anzupassen.

Die Erfahrung eingeschränkter Grundrechte kann unseren Sinn für diese Rechte vertiefen. Jeder Tag der Einschränkung jedoch verstärkt die Gefahr einer Gewöhnung an diesen Missstand und wird so zur Bedrohung der Demokratie. Doch jeder Tag der Einschränkung kann auch zu bewusster Verantwortung für diese Rechte und ihrer Nutzung führen.

Das Leben ist anders, ~~als~~ wenn man denkt! Es gilt also viel zu besinnen, damit es mit dem Abklingen der Pandemie und ihrer Bedrohung nicht einfach zu einem RESET bisherigen Verhaltens oder gar zu einem NUN ERST RECHT incl. Nachhol-Gier kommt.

Strategien entwerfen

Eine VISION ist die Betrachtung einer denkbaren Möglichkeit. Ein KONZEPT ist ein Plan zur Annäherung an die VISION unter den Bedingungen von Zeit und Raum. Dazu allerdings ist mehr als Meinen und Wollen nötig.

„Hundert Menschen schärfen ihren Säbel, Tausende ihre Messer, aber Zehntausende lassen ihren Verstand ungeschärft, weil sie ihn nicht üben.", klagte Johann Heinrich Pestalozzi (1726–1827), Schweizer Pädagoge und Sozialreformer. Optimistischer war da August Bebel (1840–1913), als Politiker und Publizist Mitbegründer der deutschen Sozialdemokratie: *„Es liegen in jedem Menschen eine Reihe von Fähigkeiten und Trieben, die nur geweckt und entwickelt zu werden brauchen, um in Betätigung gesetzt, die schönsten Wirkungen zu erzeugen."*

Muster und Strukturen

Die Entwicklung in der Corona-Krise zeigt, wie die verschiedenen gesellschaftlichen Teilbereiche reagierten. Wir können deutlich wahrnehmen, wie das Handeln der Menschen auch in den Teilbereichen einer spezifischen Systematik folgen. Die der Reflexionslogik zu Grunde liegende Viergliederung hebt diese Systematik gesellschaftlicher Handlungsfelder deutlich hervor.

Die Systemfunktion der Gesellschaft beschreibt Johannes Heinrichs wie folgt:

*1)   Das instrumentale Handeln oder der Umgang mit dem anderen in Bezug auf objektive Güter führt vom Ganzen des sozialen Organismus her zur Systemfunktion der Wirtschaft. Das **Subsystem Wirtschaft** wird von einer bestimmten Entwicklungs- oder Differenzierungsstufe an gebündelt mit dem Medium **Geld**, das heute ja ein merkwürdiges Eigenleben über den realwirtschaftlichen Vorgängen entfaltet.*

*2)   Das strategische Handeln in der Sphäre der unmittelbaren Interpersonalität führt vom Ganzen her zum **Subsystem Politik**, gegründet auf dem alle willkürliche Macht der Akteure bändigenden Medium **Recht**, der Grundlage des neuzeitlichen Rechtsstaates.*

*3)   Das kommunikative, verständigungsorientierte Handeln der Einzelnen ergibt in seiner systemischen Summe vom Ganzen her das **Subsystem Kultur**, dem Inbegriff der Kommunikation, der Sitten und Gebräuche eines sozialen Organismus bis hin zu den künstlerischen Äußerungen eines Gemeinwesens. Für alles Kulturelle ist **Sprache** das grundlegende Interaktions-Medium.*

*4)   Das metakommunikative, normenorientierte Handeln der Einzelnen bildet im Gesamtsystem die Handlungsgrundlage und Analogie für das **Subsystem Legitimations- oder Grundwerte**, das sich heute in einer Pluralität von Weltanschauungen, ethischen Einstellungen und Lehren, Religionen und transreligiösen, spirituel-*

*len Einstellungen zeigt. Als gemeinsames Medium ist auszu-
machen die zugrunde liegenden **Axiome und Riten.**"[28]*

Die durch das Coronavirus ausgelöste Gefahrenlage beeinträchtigt die gesamte Gesellschaft auf jeder Ebene zwischenmenschlichen Handelns. Die gesellschaftlichen Teilbereiche sind in ihrer spezifischen Eigenart unterschiedlich betroffen und herausgefordert. Zugleich verdeutlicht diese Pandemie die intensive Verzahnung der Teilbereiche und Handlungsfelder.

Das Handeln in den einzelnen Subsystemen zeigt wiederum das Muster der vier unterschiedlichen Sachebenen: (4) Legitimation und Grundwerte, (3) Kulturebene, (2) Politikebene, (1) Wirtschaftsebene. Betrachten und ordnen wir das Handeln während der Corona-Krise entsprechend der Systematik der Viergliederung (siehe Grafik[29]).

---

[28] *Johannes Heinrichs, Demokratiemanifest für die schweigende Mehrheit, STENO München u.a., 2005, S. 32*
[29] *Grafik entnommen, ebd.*

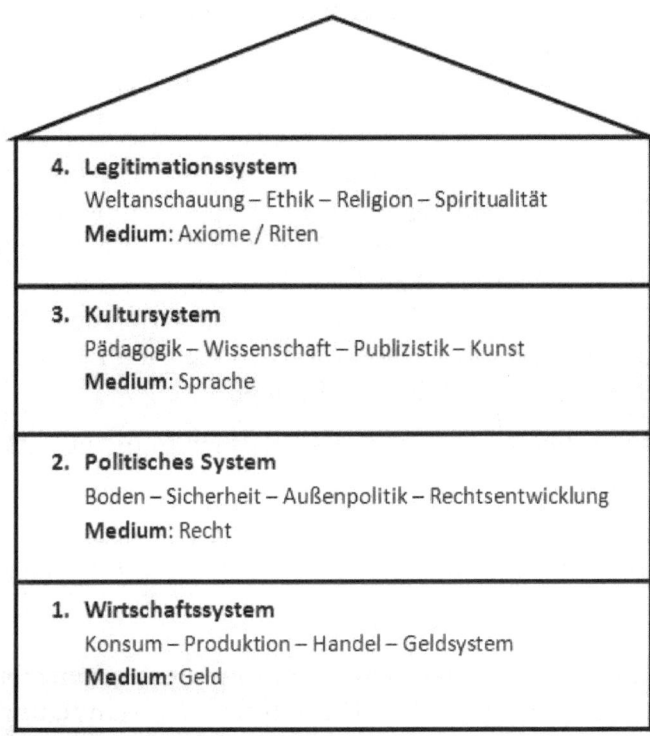

4. **Legitimationssystem**
   Weltanschauung – Ethik – Religion – Spiritualität
   Medium: Axiome / Riten

3. **Kultursystem**
   Pädagogik – Wissenschaft – Publizistik – Kunst
   Medium: Sprache

2. **Politisches System**
   Boden – Sicherheit – Außenpolitik – Rechtsentwicklung
   Medium: Recht

1. **Wirtschaftssystem**
   Konsum – Produktion – Handel – Geldsystem
   Medium: Geld

Politisches Handeln (Subsystem 2) war als Reaktion auf das pandemische Auftreten des Coronavirus gefordert. Die in der Politik zuständigen Akteure hatten in kürzester Zeit zur Gefahrenabwehr und -bewältigung (2.2. Sicherheit) Entscheidungen zu treffen, welche das gesamte Gemeinwesen binden.

Dazu erfolgte eine Reflexion und Verständigung über die Werte. Die Bedrohung durch das Coronavirus veränderte radikal politische Prioritäten. „Sicherung des Gesundheitssystems vor einem intensivmedizinischen Kollaps" verdrängte vorerst Wirtschaftswachstum, Sozialpolitik, Klimapolitik, Umweltschutz und selbst das Flüchtlingselend an den Grenzen der EU auf hintere Plätze der Rangliste. Der Schutz vor dem Virus vereinte sonst zerstrittene

Vertreter unterschiedlicher Weltanschauungen, ethischer Schulen und Religionen. Lang gepflegte Interessenkonflikte verloren an Bedeutung vor der gemeinsamen Bedrohung durch Covid-19.

Auf dem Verordnungsweg wurden Grundrechte drastisch eingeschränkt oder außer Kraft gesetzt (2.4. Rechtsentwicklung). Die ungestörte Religionsausübung Art. 4,2 GG, die Versammlungsfreiheit Art. 8 GG, Freizügigkeit Art. 11 GG, Freiheit der Berufsausübung Art. 12 GG wurden dem Krisenmanagement unterworfen, um den Kollaps des Gesundheitssystems zu vermeiden. Treffen von mehr als zwei Personen, die nicht dem gleichen Haushalt angehören, wurden mit hohem Bußgeld belegt.

Grenzen wurden geschlossen und Reisewarnungen verhängt (2.3. Außenpolitik).

Flugverkehr wurde eingeschränkt, Bahn und öffentlichem Nahverkehr wurden strenge Hygieneregeln auferlegt (2.1. Verkehrspolitik).

Der **Kulturbetrieb (Subsystem 3)** wurde auf das Konzept des *Social distancing* eingeschworen. Die ethische Verständigung auf den „Schutz des Lebens und der Gesundheit" fand Anklang und Entfaltung über die gesamte Breite des Kulturellen. Die Aufforderung zur freiwilligen Quarantäne und Selbstisolation wurde der Bevölkerung auf allen Kommunikationskanälen nahe gebracht (3.3. Publizistik).

Wissenschaftsjournalisten erläuterten die Wirkungsweise des Virus und die Gefährdungen durch Epidemie und Pandemie. Virologen und Epidemiologen wurden zu Medienstars und prägten über Wochen die Berichterstattung.

Die Einrichtungen des Erziehungs- und Bildungssystems (3.1. Pädagogik) wurden geschlossen und mussten sich in kurzer Zeit auf virtuelle Lehr- und Lernformen einstellen.

Forschungsinstitute (3.2. Wissenschaft) konnten weiter arbeiten, sofern sie im Dienst der Forschung, Diagnostik und Behandlung der Viruserkrankungen standen oder ihre Arbeitsweise den Bedingungen der Hygiene und Abstandsverordnung anpassten.

In lyrischen Texten, Songs, Playmobil-Animationen oder Puppenspiel übermittelten Künstler den Menschen die Erkenntnisse der Wissenschaftler und eigene Reflexionen in einfachen Bildern und Sprache (3.4. Kunst).

In seiner Wirkung wirbelte das Coronavirus das gesellschaftlich gängige **Wertesystem (Subsystem 4)** auf. Alle gesellschaftlichen Gruppierungen (4.1. Weltanschauungen) erkannten den Schutz des Lebens und der personalen Würde auch über das körperliche Leben hinaus an als Aufgabe auch für das soziale, kulturelle und spirituelle Leben der Gesellschaft und der Menschen (4.2. Ethik).

Das Versammlungsverbot zeigt auf das Leben der Kirchen, religiöser Gemeinschaften (4.3. Religion) und der Gemeinden höchst bemerkenswerte Wirkungen. Gemeindeversammlungen und öffentliche Gottesdienste wurden verboten. Auch für öffentliche Gottesdienste in Kirchen, Moscheen und Synagogen galt das Versammlungsverbot. Nicht nur die Führungseliten der Religionen sorgten sich um die Fortführung ihrer Riten, Feiern und Liturgien. Als „Einschränkung des Grundrechtes auf Religionsfreiheit" wurden die behördlichen Maßnahmen umgehend kritisiert. Einsichtige Religions- und Kirchenvertreter akzeptierten, dass ihre Gemeinschaften nicht über dem Staat stehen und dessen Schutzstrategie zu folgen haben.

Angehörige der Religionen sprachen den Menschen Mut zu, solidarisch mit den Mitmenschen die beklemmende Situation zu meistern. Neue Formen der Gemeinschaftsfeiern wurden entwickelt und gelebt. Neue caritative Projekte zur Unterstützung der ärmsten Bevölkerung entstanden. Dennoch müssen religiöse Gemeinschaften sich die Anfrage gefallen lassen, ob sie unter zu strenger Beachtung des staatlich verfügten Kontaktverbotes Schwerstkranke und Sterbende im Stich ließen. Wie war es um ihre spirituelle Hilfe bestellt? (4.4. Spiritualität). Sprachen sie mit Sterbenden ein letztes Gebet? Leisteten sie Begleitung in spiritueller Not? Gaben sie Trost in existentieller Lebensangst?

Das Krisenmanagement der Regierung griff direkt in die **Wirtschaft (Subsystem 1)** ein. Handels- und Gastronomiebetriebe (1.3.) mussten schließen, um Infektionswege auszuschließen. Die Grundversorgung der Konsumenten (1.1.) zu sichern, durften Tankstellen und Lebensmittel-Einzelhändler unter Auflagen geöffnet bleiben.

Produktionsbetriebe (1.2.) reduzierten ihr Arbeitsaufkommen und schickten Arbeitnehmer in die Kurzarbeit. Andere Unternehmen stellten ihre Produktion auf aktuell benötigte Waren um (Atem-Schutzmasken, medizinisches Gerät). In vielen geöffneten Geschäften wurde der Geldverkehr (1.4) auf bargeldlose Zahlungen umgestellt.

Bürger fordern mehr politische Mitsprache

Immer deutlicher erheben Bürger ihren Anspruch auf partizipative Mitgestaltung politischer Entscheidungen. Noch wird der Anspruch umfassender demokratischer Partizipation der Bürger vor allem von unterschiedlichen, sich selbst rekrutierenden und selbst legitimierenden Interessengruppen erhoben. Ein Weg zu breiter, mitgestaltender Partizipation der Betroffenen ist noch lang und erst vage gezeichnet. Während in Medien und politischer Diskussion immer häufiger vom „Scheitern der Demokratie" geschrieben und geredet wird, gilt es nach meiner Überzeugung, auf die Förderung einer demokratischen Kultur zu setzen, die der Kompetenzvielfalt interessierter Bürger Raum zur Mitwirkung an Beratungen und Entscheidungen gibt.

Die im politischen Milieu in Theorie und Praxis vorherrschende militante Streitideologie forciert eine Schieflage zugunsten von

Machtpolitik und zum Nachteil gemeinwohlorientierter Sachpolitik. Eine kritische und breite Reflexion dieser „Ideologie der Interessenkämpfe" zugunsten einer das Gemeinwohl fördernden Konsensorientierung ist längst überfällig.

In den Lissaboner Verträgen vom 13. Dezember 2007 bekunden die Vertragspartner mehrfach an prominenten Stellen die Ausrichtung der EU an demokratischen Werten, Menschenwürde und Menschenrechten. Dementsprechend wurde auch die EU als am Subsidiaritätsprinzip orientierte repräsentative Demokratie beschlossen – leider fehlt bislang die Umsetzung.

Ausdrücklich betonen die Vertragspartner im Art. 10,3: *„Alle Bürgerinnen und Bürger haben das Recht, am demokratischen Leben der Union teilzunehmen. Die Entscheidungen werden so offen und bürgernah wie möglich getroffen."*

Die Praxis der EU wird diesem Eigenanspruch allerdings nicht gerecht. Auf der EU-Ebene, im Europäischen Rat bzw. im Ministerrat, agieren die Exekutiv-Organe der Staaten als Legislative, während dem Europäischen Parlament nur unvollständige parlamentarische Rechte zugestanden werden.

Beteiligung braucht Kompetenzentfaltung

Der von vielen Regierungen beschlossene Lockdown half nicht nur, Infektionsketten zu begrenzen und die medizinische Versorgung zu stabilisieren. Die massiven Einschränkungen dieser Freiheitsrechte lösten auch Ängste aus um Fortbestand und Sicherung dieser Grundrechte. Altbekannte Mythen blühten auf. Wirtschaftlichen, politischen und gesellschaftlichen Eliten wird wieder einmal unterstellt, über Geheimgesellschaften eine neue Weltordnung anzustreben. Es sei eine Weltordnung mit einer von den Eliten kontrollierten autoritären, supranationalen Weltregierung.

Derartige Mythen werden genährt durch intransparenten und unkontrollierten Lobbyismus, verschwiegene Netzwerke sowie

Seilschaften und die Ausbildung von Oligarchien in den politischen Repräsentanzssystemen.

Krisenzeiten befeuern derartige Mythen. Umso deutlicher wird dann aber auch die Notwendigkeit, derartige Vorstellungen einer neuen Weltordnung mit Visionen weltumfassender demokratischer Ordnungen entgegenzutreten.

Die Welt ist ein durch die Geschichte ein eierndes Phänomen, belastet durch extreme Gegensätze von Armut und Luxus, von exzessiven Freiheiten, Unterdrückung und Lohnsklaverei sowie von Ausbeutung und Verschwendung lebensnotwendiger Ressourcen.

Balance und Ausgleich zwischen den Extremen bedürfen ordnender Eingriffe. Dazu sind politische Entscheidungen nötig. Entscheidungen, die alle Mitglieder der Gemeinwesen binden.

Wegen solcher auferlegten Bindungen jedoch steht jedem Betroffenen das unverbrüchliche Recht zu, sich an den Beratungen zur Entscheidung zu beteiligen, die Entscheidung zu legitimieren und dessen Akzeptanz förmlich zu bestätigen. Aus diesem Anspruch folgt, dass jeder politische Entscheidungsprozess in gemeinsamen Beratungen der betroffenen Bürger und dem so entstehenden politischen Willen des Volkes gründet.

Ein utopischer, visionärer Anspruch?

Vielleicht, doch eine Vision, die sowohl vom Art. 21 der UN-Charta als auch vom Art. 20 Abs. 2 des deutschen Grundgesetzes gedeckt ist.

Damit die interessierten Bürger durch die wachsende Dynaxität (Komplexität[Dynamik]) politischer Handlungsfelder und Aufgabenstellungen nicht abgeschreckt und ausgegrenzt werden, ist es unabdingbar, das Spektrum politischer Bildung dementsprechend auszuweiten. So können Bürger nicht nur erlernen, durch vernetztes Denken die Wirkzusammenhänge unterschiedlicher Einflussgrößen eines politischen Themas herauszuarbeiten. Sie können auch ihre eigene fachliche und/oder berufliche Kompetenz in die Sachberatungen einbringen. Geschulte und trainierte sozial-ökologische und relexionslogische Methodenkompetenz trägt dazu bei, der im Lissaboner Vertrag bejahten subsidiären Bürgerbeteiligung Wirkung zu verschaffen.

Orientierung am menschlichen Maß

Hirnforscher, Neurobiologen und Genetiker wie Gerald Hüther (*1951), Joachim Bauer (*1951) oder Markus Hengstschläger (*1968), die Nationalökonomen Ernst-Friedrich Schumacher (1911–1977) und Leopold Kohr (1909–1994), Systemanalytiker wie Erich Visotschnig (*1939), der Biologie Frederic Vester (1925–2003), der Physiker Fritjof Capra (*1939) und selbst Papst Franziskus (*1936) sehen gemeinsam einen Lösungsweg: Hinwendung zum konkreten Menschen und die Entfaltung seiner Potenziale in überschaubaren sozialen Gruppen und selbstregulierenden, subsidiären Systemen. Das schafft die Basis, die weltumspannenden ökonomischen, ökologischen, sozialen, kulturellen und politischen Probleme befriedend und befriedigend zu bewältigen.

Bereits 1957 hatte Kohr in seinem Buch „The breakdown of nations" die falsche relative Größe (**zu** klein – **zu** groß) als Kernproblem erkannt. *„Die Größe scheint das zentrale Problem der Schöpfung zu sein. Wo immer etwas fehlerhaft ist, ist es zu groß. [...] Die Größe – und nur die Größe – ist das zentrale Problem der menschlichen Existenz, im sozialen und im physischen Sinn"* [30], schrieb er in der Einleitung seines Buches. Die Gigantomanie industrieller, gesellschaftlicher und politischer Strukturen überfordere in ihrer exponentiell wachsenden Komplexität die Verstehenskraft der Menschen. Es sei ein Irrsinn, die Menschen auf solche gigantischen Verhältnisse auszurichten, anstatt die Verhältnisse den menschlichen Fähigkeiten anzupassen.

Papst Franziskus propagierte den Weg zu den Peripherien. Vor 60 Bürgermeistern der großen Weltmetropolen erklärte der Papst

---

[30] *https://de.wikipedia.org/wiki/Leopold_Kohr#Denken*

am 21.07.2015 im Vatikan: *„Das braucht die heutige Welt. Dieses Treffen der Bürgermeister ist wichtig, weil der bedeutendste Einsatz gegen Menschenhandel und Klimawandel in den Peripherien stattfindet, und von dort aus können wir Richtung Zentrum vorangehen. Dort finden wir eben die großen Institutionen. Der Heilige Stuhl und die einzelnen Nationen können schöne Reden vor der UNO halten, aber wenn wir nichts Konkretes in den Peripherien machen, dann ändert sich nichts."* Franziskus sieht in Kooperationen der Metropolen und ihrer Bürgermeister eine Chance zur Lösung globaler Probleme.

Bereits 2002 schrieb der Physiker Fritjof Capra in seinem Buch „Verborgene Zusammenhänge": *„In einem sozialen Netzwerk können die einzelnen Knoten unterschiedlich groß sein, und daher wird es häufig zu politischen Ungleichheiten und asymmetrischen Machtverhältnissen kommen. Doch alle Mitglieder eines Netzwerkstaates sind voneinander abhängig. Werden politische Entscheidungen getroffen, müssen ihre Auswirkungen auf alle Mitglieder, auch die unbedeutendsten, in Betracht gezogen werden, weil sie zwangsläufig das gesamte Netzwerk betreffen werden."*[31]

Je mehr die Menschen ihre persönlichen und sozialen Kompetenzen entfalten, legen sie Wert auf eigenverantwortliche Mitgestaltung ihres gesellschaftlichen und politischen Lebensraumes. Als erwachte und aufgeweckte Bürger bringen sie sich ein, wenn es um Fragen der kulturellen, politischen oder wirtschaftlichen Infrastruktur geht. Dabei wünschen sie, dass auch viele weitere Bürger zu solchem Engagement bereit wären. Denn immer wieder erfahren sich die um des Gemeinwohls politisch aktiven Bürger als Minderheit. Lautlos klingt ihnen das *„Hannemann, geh du voran!"* aus dem Volksmärchen „Die sieben Schwaben" entgegen. Die Brüder Grimm schrieben noch: *„Gang, Veitli, gang, gang du voran, i will da hinte vor die stahn."* Daraus wurde die Hannemann-Redensart, mit der die Ohne-Mich's andere für die Erledigung einer unangenehmen Sache vorschicken.

---

[31] *Fritjof Capra, Verborgene Zusammenhänge, Scherz, München, Seite 199*

Gilt es, dem Leben und seiner Fülle gerecht zu bleiben oder wieder zu werden, empfiehlt Leopold Kohr, die Entscheidungsebenen auf das vom Menschen erfassbare Maß zurückzufahren. So ließen Entscheidungen sich in der noch erfassbaren Komplexheit sozialen Lebens verankern und von dort her in echter Subsidiarität in die größeren Zusammenhänge hinein entfalten. Echte Subsidiarität unterscheidet sich allerdings von jener politisch üblichen Subsidiaritätsformel, die darauf ausgerichtet ist, jeweils kleineren Einheiten die Verantwortung zu entziehen, sobald sie auch nur den Anschein von Schwäche offenbaren. Echte Subsidiarität dagegen bedeutet Akzeptanz und Förderung der Mitentscheidungsrechte der Menschen in den öffentlichen Angelegenheiten, wie es der Art. 21 der UN-Menschenrechtscharta fordert.

Dort heißt es in Abs. 1: *„ Jeder hat das Recht, an der Gestaltung der öffentlichen Angelegenheiten seines Landes unmittelbar oder durch frei gewählte Vertreter mitzuwirken."*

Der republikanische Staatsaufbau der Bundesrepublik Deutschland gemäß dem Grundgesetz von 1949 räumt jedoch allein den durch Wahlen auf Zeit legitimierten Abgeordneten das Recht zu, verbindliche Entscheidungen für das Gemeinwesen zu treffen. Seither wuchs das Bewusstsein, von demokratischen Entscheidungen sei erst zu sprechen, wenn die das Gemeinwesen bindenden Regelungen von der Mehrheit der Betroffenen beraten, legitimiert und akzeptiert werden. Parolen wie „Nicht über unsere Köpfe!" und „Für mich ohne mich – geht nicht!" oder das Motto der friesischen Bauernrepublik „Lewer dot as sklav!" hielten seit der Antike die demokratische Grundsehnsucht wach und führten über die athenische Agora, germanische Thingkultur, britische Magna Charta zu neuzeitlichen Verfassungen und moderne Republiken.

Freie Gesellschaft braucht Denk- und Debattenräume

Seit den Tagen der Aufklärung gründet die Vision einer freien und offenen Gesellschaft im Leitbild der mündigen Bürger. Mündigkeit im gesellschaftlich-politischen Raum wurde verstanden als

Fähigkeit zur Selbstbestimmung und Unabhängigkeit von der Bevormundung durch Andere. Auch die Aufklärer der Neuzeit kannten ihre Pappenheimer und wussten, dass nicht jeder ihrer Mitbürger die Verantwortung der Mündigkeit tragen wollte. „Es ist so bequem, unmündig zu sein", bemerkte der Königsberger Philosoph Immanuel Kant. So setzten sie nicht auf die wünschenswerte Mündigkeit eines jeden Einzelnen, sondern auf die mündige politische Willensbildung des Volkes. Allerdings beruht eine Staatsform, die auf derartige Mündigkeit setzt, auf Voraussetzungen, die der Staat selbst herzustellen hat. Solche Staatsform, die wir Demokratie nennen, steht und fällt mit dem Leitbild und der Realität mündiger Bürger.

Wenn es im Art. 20 Abs. 2 des deutschen Grundgesetzes heißt, alle Staatsgewalt geht vom Volke aus, hat das Konsequenzen. Wenn jegliche staatliche Aktion dem Willen der Volkes unterworfen ist, braucht es offene und öffentliche Denk- und Debattenräume, um eine mündige politische Willensbildung auszuformen. Solche Debattenräume sind nicht zu verwechseln mit den parlamentarischen Foren, in denen heutzutage die als Volksvertreter gewählten Politiker ihren öffentlichen Schlagabtausch zelebrieren. Auch die im Prinzip erwünschten Dialogveranstaltungen von Parteien und Verwaltungen sind kein adäquater Ersatz. In der Regel sind sie vorgeprägt von den spezifischen Eigeninteressen der Veranstalter. Bei Parteien sind es zumeist Strategieüberlegungen, bei denen die Gewinnung neuer Wählergruppen im Vordergrund steht. Verwaltungen suchen die Bewertung bereits vor konzipierter Planungsvorhaben.

Offene und öffentliche Debattenräume erfassen das gesamte Volk und sollten frei sein von derartigen Vorgaben. Grundelemente intakter Debattenräume sind:
- Alle, jeder Bürger kann sich gleichberechtigt einbringen.
- Alle gesellschaftlichen Perspektiven und Interessen sind vertreten und können vorgetragen werden.

So können diese Debattenräume zu Erprobungszentren für Ideen und Handlungsoptionen für die Gestaltung der Gesellschaft und zur Ausformung des staatstragenden politischen Willens werden.

Natürlich entstehen derartige Debattenräumen nicht aus sich selbst, sie bedürfen der vollen Transparenz, der Wahrheit und der Vollständigkeit politisch relevanter Informationen. Solche Informationen öffentlich zugänglich zu machen, ist zentrale Aufgabe freier Medien und Publizisten. Eigenen wirtschaftlichen und/oder ideologischen Interessen folgend trugen leider viele Medienhäuser zu einem gefährlichen Niedergang der politischen Debattenkultur bei. Doch ohne die öffentliche Debatte zur politischen Willensbildung des Volkes hat Demokratie keine Chance.

In der Zeit der neuzeitlichen Aufklärung gab es die Medien in der heutigen Ausprägung noch nicht. Die zumeist absolutistischen Herrscher waren nur selten Freunde der offenen Debatten und größerer Versammlungen, hatten die meisten noch eine Vorstellung, wohin das führen könne.

Die freiheitlichen, humanistischen und demokratischen Aufklärer nutzten die Möglichkeiten ihrer Zeit und trafen sich in Gesprächsrunden mit überschaubarer Teilnehmerzahl. Politische „Salons" entstanden zuhauf in den europäischen Ländern, vernetzten sich untereinander und trugen so wesentlich zum politischen Volkswillen und der Entwicklung republikanischer Strukturen bei.

In der zunehmenden Dynaxität politischer Entscheidungsprozesse reduziert sich das Partizipationsinteresse der meisten Bürger verständlicherweise für jene Themen, bei denen sie die eigene Betroffenheit wissen oder spüren. Während sich die gewählten Volksvertreter der gesamten Bandbreite der politisch zu entscheidenden Themen stellen müssen, kann sich der interessierte Bürger auf seinen Interessenschwerpunkt konzentrieren und reduzieren. Zudem steht jedem Bürger auch das Recht auf politische Gleichgültigkeit und Desinteresse zu. *„Denn ein Demokrat ist zu-*

nächst nicht am Staat interessiert, nicht einmal an der Regierung durch das Volk, sondern an der Freiheit, und daher muss man Demokratie nicht nach den Begriffen des Herrschers, sondern nach denen der Freiheit definieren. Wessen Freiheit? Freiheit des Staates? Natürlich nicht! Deshalb haben wir ihr ja die fein durchdachten Fesseln der Kontrollen und Gegengewichte auferlegt. Freiheit des Volkes? Nein, noch weniger! Deshalb haben wir über das Volk einen Staat gesetzt, dessen Anordnungen es gehorchen soll. Demokratie ist eine Philosophie der Freiheit, die dem Interesse eines einzigen Elementes zu dienen hat – des einzelnen. [...] Deshalb ist die Meinung, die in einer Demokratie zählt, nicht die öffentliche, sondern die private, und im Gegensatz zu dem, was unsere Politiker uns weismachen wollen, kommt es nicht auf das Vertrauen der Menge, sondern auf das Gewissen des einzelnen an." schrieb Leopold Kohr 1962 in seinem Buch „Freedom from Government".[32]

Auf den Anspruch der Menschen, dass ihre konkreten Lebenssituationen und Bedürfnisse Ausgangspunkt politischer Willensbildung zu sein habe, hatte Bertolt Brecht bereits 1934 zur Musik Hanns Eislers im Lied von der Einheitsfront hingewiesen. Dort heißt es:

Und weil der Mensch ein Mensch ist,
drum braucht er was zu essen, bitte sehr!
Es macht ihn ein Geschwätz nicht satt,
das schafft kein Essen her.

Und weil der Mensch ein Mensch ist,
drum braucht er auch noch Kleider und Schuh'.
Es macht ihn ein Geschwätz nicht warm
und auch kein Trommeln dazu.

Und weil der Mensch ein Mensch ist,
drum hat er Stiefel ins Gesicht nicht gern.

---

[32] *Dt. Fassung: Leopold Kohr, Weniger Staat. Gegen die Übergriffe der Obrigkeit, Otto Müller Verlag Salzburg, 2004*

Er will unter sich keinen Sklaven sehn
und über sich keinen Herrn.

Partizipation durch Bürgersalons

Eine an die aufklärerische Tradition anknüpfende moderne Salonkultur kann durch die in der Lebenspraxis der Bürger gründende und reflektierte politische Willensbildung wesentlich zu Sicherung und Entwicklung heutiger Demokratie beitragen. Solche Salons brauchen allerdings Gastgeber und fähige Moderatoren, welche die dazu notwendige geistige Freiheit sichern und in gewaltfreier Kommunikation durch die Sachdebatten führen.

Die Stadt Bocholt im Westmünsterland gehört zu den acht Gewinnern im bundesweiten Wettbewerb „Zukunftsstadt 2030+". Bocholt erreichte die entscheidende Endrunde mit dem Konzept „Bürgerkommune". Dazu will sie sich bis zum Jahr 2030 entwickeln. Die Volkshochschule der Stadt verfolgt zu dessen Unterstützung das Konzept der Bürgersalons und plante im Frühjahr 2020 den Start des Moderatoren-Trainings. Leider kam Corona und damit der Lockdown.

Das Konzept der Bürgersalons trägt der Vielschichtigkeit und Wechselhaftigkeit bürgerlicher und politischer Interessen Rechnung. Es fördert Kommunikation und Dialoge zwischen Mandatsträgern und Bürgern. Zugleich bietet dieses Konzept gute Möglichkeiten, Kompetenzen und Ideenvielfalt aus der Bürgerschaft in die Entscheidungsprozesse einzuspeisen.

Akteure dieses Konzeptes sind:
- **Mandatsträger / Parlamentarier**, sie erbitten Entscheidungs-Empfehlungen
- **Nicht-Regierungs-Organisationen (NGO) und Bildungsträger**, sie bereiten die Themen und Arbeitsmaterialien auf
- **Bürger als lokale Gastgeber** der Bürgersalons entwickeln mit ihren Gästen Lösungsideen und Entscheidungs-Empfehlungen.

Für partizipative Diskurse und diesem Konzept aufgeschlossene **Parlamentarier** erbitten von den Bürgern ihres Wahlkreises Konsensierte Entscheidungs-Empfehlungen (KEE) für anstehende Beratungen ihres Parlamentes.

Dazu stellt ein Parlamentarier oder eine Parlamentariergruppe eine demnächst zur Entscheidung anstehende Fragestellung vor und erbittet Lösungsvorschläge. Gleichzeitig benennt er eine Frist für einzureichende KEE und deren Bewertungen. Zugleich gibt er seine Zusage, auf die KEE sachbezogen Stellung zu beziehen. Er bittet auf das Themenfeld bezogene NGO und Interessenverbände um den öffentlichen Diskurs der Sachfragen.

Eine Konsensierte Entscheidungs-Empfehlung (KEE) ist ein durch Akzeptanzmessung qualifiziertes Ergebnis einer systemischen Konsensierung (SK-Prinzip). Beim SK bewerten die Teilnehmer die eingebrachten Vorschläge und Varianten einzeln nach dem Maß ihres persönlichen Widerstandes.[33]

NGO und andere Träger politischer Bildungsarbeit betreuen den Dialog zwischen Parlamentariern und Bürgern. Sie informieren über die Verfahren zur Konsensierung und unterstützen den Diskurs gegebenenfalls durch eigene öffentliche Veranstaltungen.

Sie legen eine Systemische Konsensierung an, veröffentlichen den Login-Schlüssel, laden öffentlich zur Mitwirkung in Bürgersalons ein und moderieren die Konsensierung. Sie bereiten Hintergrund-Material zur aufgerufenen Fragestellung allgemeinverständlich auf und machen dieses Material abrufbar.

Dabei sind sie keineswegs zur Neutralität verpflichtet. Die Darlegung eigener Positionen und Interessen ist bewusst gewollt und macht das jeweilige Lobby-Engagement transparent.

Am thematischen Diskurs und der politischen Einflussnahme durch KEE interessierte **Bürger** laden einen kleinen Kreis von

---

[33] *Das Systemische Konsensieren als auch die KEE sind ausführlich beschrieben unter http://www.sk-prinzip.eu/*

Freunden, Nachbarn, Kollegen ein, um mit ihnen die Anfrage der Parlamentarier zu beraten. Dabei können sie auf die von NGO, div. Bildungsträgern und Interessenverbänden erstellten Materialien ebenso zurückgreifen wie auf Medienberichte.

Unterstützt durch Debatten und Öffentlichkeitsarbeit in NGO werden die von den Parlamentariern erbetenen Lösungsvorschläge für die demnächst anstehende parlamentarische Entscheidung in den beteiligten Bürgersalons entwickelt, beraten und konsensiert.

Zur anonymisierten Beteiligung an der ausgerufenen Systemischen Konsensierung registrieren die Bürger sich unter Nutzung des veröffentlichten Login-Schlüssels. Die in den Bürgersalons erarbeiteten Ideen und Entscheidungsempfehlungen werden mit den Vorschlägen anderer Bürgersalons auf der Internetseite in die Vorschlagsliste eingestellt und stehen damit zur weiteren Konsensierung zur Verfügung. Dabei können alle Beteiligten zu bereits vorgelegten Empfehlungen Vorteile und Nachteile anmerken und Fragen an die jeweiligen Autoren stellen. Auch eigene Empfehlungen können sie in der Vorschlagsfrist einstellen. Während der anschließenden Bewertungsfrist können sie ihre Bewertung zu allen eingereichten Vorschlägen – auch den eigenen – abgeben. Ihre Bewertungen führen zu einer Rangliste gemeinsamer Akzeptanz der Vorschläge, die dem beauftragenden Parlamentarier als Konsensierte Entscheidungs-Empfehlung (KEE) vorgelegt wird.

Im üblichen Gemetzel der politischen Interessenarena gehen typischerweise Vorschläge unter, die den vorherrschenden Macht- und Interessengruppen gegen ihre Pläne laufen.

Empörung allein schafft dann kein Gemeinwohl. Dann ist Resilienz gefragt, ebenso wie Strategien einer neuen Entscheidungskultur, bei der die Betroffenen an den Beratungen transparent teilhaben, die Entscheidung legitimieren und akzeptieren.

Politische Salons bieten transparente und ernsthafte Dialoge zwischen dem Bürger als auch zwischen Bürgern und Mandatsträgern. Dabei bieten sie sich gegenseitige Vorteile:

- Die Vielfalt der Bürgerkompetenzen erweitern das Lösungs- und Handlungsspektrum der Politiker.
- Die sich in ihrem Engagement ernst genommenen Bürger tragen die späteren Entscheidungen auch dann mit, wenn ihren eigenen Interessen nicht voll umfänglich entsprochen wurde.
- Bürger, die erleben, dass ihrem Widerstand gegen anstehende Entscheidungen Respekt gezollt wird, sind häufig bereit, die Lösung mit dem geringsten Gruppenwiderstand dennoch mitzutragen.
- Eine Entscheidungskultur, die nicht am traditionellen Kampf um Mehrheiten und Machtanteil ausgerichtet ist, sondern am argumentativ begründeten Konsens, wirkt konstruktiv der seit langem wahrzunehmenden Verrohung politischer Kultur entgegen.

Salon-Gastgeber fördern

Die skizzierte Salonkultur entsteht nicht von selbst. Sie bedarf engagierter Mitbürger, die zu den Gesprächsrunden einladen und den Gästen die notwendige offene Atmosphäre bieten. Solche Gastgeber treten aus der politischen Anonymität heraus und werden angreifbar.

Es ist leicht, Partizipation zu fordern und zu einem Thema Meinung und (zumeist) Unmut zu deklamieren. Die Kehrseite von Partizipation ist jedoch Mitverantwortung für die politischen Debatten- und Entscheidungsprozesse bis hin zu den getroffenen Entscheidungen.

In wertepluralen Gemeinwesen erweist sich jede Werte-Entscheidung, die das Gemeinwesen binden soll, als Dilemma. Jede Entscheidung stellt andere Wertvorstellungen und Interessen in den Nachrang. In heute typischen Entscheidungsverfahren werden sich Vertreter nicht berücksichtigter Werte so immer als Verlierer fühlen. Häufig werden sie im politischen Interessenkampf auf die Gelegenheit hinarbeiten, eine ihnen genehme Korrektur herbeizuführen. Das gängige „demokratische Mehrheitssystem" fördert diese politische Kampfmoral von Unterlegenheit und Revanche-Möglichkeit durch angestrebten Machtzuwachs.

Dilemmata statt über relative Mehrheiten zu verschärfen, in breit akzeptierte Entscheidungen zu führen, verlangt über eine allgemeine Konsens-Bereitschaft hinaus fundierte Methodenkompetenz.

Politische Herausforderungen lassen sich nicht durch Zuständekritik und Empörung bewältigen. Es bedarf einer Haltung der Lösungsorientierung und resilienten, tragtüchtigen Kräftemanagements. Den geistig offenen Raum für die vielen möglichen Handlungsoptionen anzubieten, macht die Salon-Gastgeber aus.

Durch respektvolle gewaltfreie Kommunikation öffnen sie ihren Gästen Wege, die eigenen Kompetenzen und Ideen zu entfalten und wirksam in den offenen Diskurs einzubringen.

So wird eine Ausrichtung auf „Bürgerkommune" beflügelt.

Moderatoren trainieren

Gastgeber können, aber müssen nicht zugleich Moderatoren der Salongespräche sein. Moderatoren allerdings sollten ihre Kompetenzen trainieren, um den Anforderungen der offenen und öffentlichen Denk- und Debattenräume gerecht zu werden. In Zusammenarbeit mit zivilgesellschaftlichen Verbänden und Bildungsträgern ist solche Methodenkompetenz vermittel- und förderbar. Methodentraining trägt dazu bei, durch bewährte, jedoch im politischen Milieu selten genutzte Methoden, den Anforderungen partizipativer Politik zu entsprechen und Moderatoren für eine breit angelegte Beteiligung per Bürgersalons zu schulen.

Die Module solcher Bildungsangebote sind auszurichten auf die Stärkung des Selbstbewusstseins durch fundierte, bewusste Reflexion der eigenen Anliegen und Kräfte und die Entfaltung der Methodenkompetenz in Themenberatung, Lösungsentwicklung und Konsensentwicklung.

So enthält das für die VHS Bocholt-Rhede-Isselburg konzipierte Moderatoren-Training folgende Module:

Reflexionslogik

- Die Teilnehmerinnen und Teilnehmer erkennen die ihnen innewohnende, immanente Logik sozialen Handelns.
- Sie lernen, diese immanente Logik zur Entwicklung sachorientierter Lösungen zu nutzen.

Vernetztes Denken

- Sie lernen, die Kompliziertheit in „Differenzierung der Komplexität" umzuwandeln.
- Sie erkennen Dilemmata als demokratische Normalsituation.
- Sie lernen, ihre Lösungskonzepte auf die kybernetischen Wirkungen hin zu prüfen.
- Sie lernen, der eigenen Kompetenz in dynaktischen Dilemmata zu vertrauen.

Systemisches Konsensieren

- Sie erkennen die unzureichende Akzeptanzkraft des klassischen Mehrheitsprinzips.
- Sie lernen die Wirkungsweise der systemischen Konsensfindung kennen und zu nutzen.
- Sie lernen, durch Systemisches Konsensieren stabile Gruppenentscheidungen herbeizuführen, die von hoher Akzeptanz der Beteiligten getragen sind.

Förderung der Resilienz

- Sie erlernen Strategien zum Umgang mit dem Alltags-Chauvinismus des politischen Milieus und die Entwicklung lösungsorientierter Grundhaltungen.

Kommunikation

- Sie lernen, verschiedene Kommunikationsstile zu beherrschen und trainieren den Umgang mit öffentlichen Medien.

Kommunalverwaltung

- Sie lernen den Aufbau ihrer Kommunalverwaltung wie auch der politischen Repräsentanzebenen kennen und bekommen Einblicke in die Arbeitsweise des Rates sowie der übergeordneten Parlamente.

Bürgersalons als Beteiligungskultur

- Sie lernen, Bürgersalons zu organisieren und mit anderen Initiativen zu vernetzen.
- Sie lernen, gemeinsam mit den Gästen Entscheidungsempfehlungen zu erarbeiten und als Form der Bürgerbeteiligung zu nutzen.

Vertrauen wagen und gewinnen

„*Denn Düwel driet ömmer op den grooten Hoop.*" Natürlich kann man diese sprichwörtliche Einsicht auch milder formulieren. „*Es regnet immer dorthin, wo es schon nass ist*" beschreibt mit anderen Worten, was in der Soziologie als Matthäus-Effekt bekannt ist. Dazu heißt es im Wikipedia: „*Wo dieser Effekt auftritt, entstehen aktuelle Erfolge mehr durch frühere Erfolge, und weniger durch gegenwärtige Leistungen. Ein Grund liegt in den stärkeren Aufmerksamkeiten, die Erfolge erzeugen. Dies wiederum eröffnet Ressourcen, mit denen weitere Erfolge wahrscheinlicher werden. Kleine Anfangsvorteile einzelner Akteure können so zu großen Vorsprüngen heranwachsen, und eine sehr geringe Anzahl von Akteuren den Hauptteil aller Erfolge auf sich vereinen, während die Mehrheit erfolglos bleibt.*"[34]

Der Matthäus-Effekt bezieht sich auf einen Vers im Neuen Testament. „Denn wer da hat, dem wird gegeben, dass er die Fülle habe; wer aber nicht hat, dem wird auch das genommen, was er hat." So heißt ein Jesus-Wort im Matthäusevangelium bei dem Gleichnis von den anvertrauten Talenten (Mt 25,29).

Jesus wäre sicher nicht einverstanden, Kurzarbeitergeld und staatliche Förderungen an Unternehmen zu zahlen, die sich weigern, auf ihre Gewinne und Rücklagen zurückzugreifen oder diese gar als Dividenden ausschütten. Solche Praxis hätte er wohl klar abgewiesen und das drastische Sprichwort vom Düwel gewählt.

Jesus ging es um etwas völlig anderes: Wer auf Gott zu vertrauen beginnt, öffnet sich damit zu einer immer wachsenden Einsicht. Wer sich nicht traut, der versteht auch das nicht, was er ursprüng-

---

[34] *https://de.wikipedia.org/wiki/Matth%C3%A4us-Effekt*

lich von Gott als Anlage zum Vertrauen bekommen hat. Wenn es heute heißt: „Neue Wege entstehen im Gehen", wirft es die Frage auf, wie es um unser Vertrauen in die einzelnen Schritte zu neuen Wegen bestellt ist.

Der Matthäus-Effekt lässt sich auch für unser Anliegen nutzen. In der Praxis erfolgreiche Projekte finden schnell Nachahmer und Unterstützer. Sie lösen eine Kettenreaktion aus, die zu tragtüchtigen gestaltenden Netzwerken werden könne. Wenn es dann „auf nasse Flächen regnet", muss es nicht der Düwel sein.

Wie steht es um unser Vertrauen, gemeinsam mit anderen Menschen guten Willens die Zukunft zu gestalten? *„Gutes tun ist leicht, wenn viele helfen."*, wusste bereits Hermann Gmeiner (1919–1986), Pädagoge und Initiator der SOS-Kinderdörfer.

Es fordert eine Menge Grips, Wissen und Engagement, für gesellschaftspolitische Fragen zukunftsweisende Empfehlungen zu entwickeln. Mit einfacher oder lautstarker Meinungsbekundung ist es da nicht getan. Doch auch gute Empfehlungen allein reichen nicht, sollen diese irgendwann als politische Entscheidungen das gesamte Gemeinwesen binden und von der Mehrheit der Betroffenen dauerhaft akzeptiert werden.

Konstruktionselemente solcher politischen Kultur lieferten Frederic Vester, Leopold Kohr, Johannes Heinrichs sowie die Erfinder des systemischen Konsensierens Erich Visotschnig und Siegfried Schrotta.

Jedes ihrer Konzepte allein konnte die notwendige Reform der politischen Entscheidungskultur nicht bewirken. Einzeln für sich wirken sie als notwendige, doch unzulängliche Bedingung, wie Juristen es formulieren. Choreographisch verbunden könnten sie allerdings die erwünschte Wirkung erzielen. Dilemmata in breit akzeptierte Entscheidungen zu führen verlangt fundierte Methodenkompetenz. Die Choreographie zur Lösung politischer Dilemmata umfasst **reflexionslogische** Kompetenzen, Umgang mit den **sozio-ökologischen Interdependenzen**, eine **konsensorische Ent-**

scheidungskultur sowie ein Abwägen der je **optimalen Größe** von Strukturen und Handlungsfeldern.

Das Zusammenspiel dieser verschiedenen, sich gegenseitig ergänzenden Denk- und Arbeitsansätze habe ich 2015 ausführlich beschrieben.[35] Diese Choreographie erfuhr eine hohe Anerkennung durch die Einladung, während der 66. Internationalen pädagogischen Werktagung 2017 in Salzburg einen entsprechenden Werkkreis anzubieten.

Politische und gesellschaftliche Zukunftsgestaltung wird Bürgersache, je mehr engagierte Menschen solche Choreographie kennenlernen, akzeptieren und trainieren. Dann tragen sie dazu bei, durch bewusste Reflexion zwischenmenschlichen Handelns neue und tragtüchtige Strukturen der zukünftigen Gesellschaft zu entwickeln.

---

[35] *Nur mal angenommen...*, *Seite 197ff*

Kämpfen um die Zukunft

Durch die Pandemie wurden uns Verhaltensweisen abverlangt, die auch helfen, die Herausforderungen des Klimawandels zu bestehen und die Ökologie wieder in Balance zu bringen. Werden die Bürger als Konsumenten, Arbeitnehmer oder Unternehmer, als Politiker oder Staatsbedienstete freien Willens die Not wendenden Lehren daraus ziehen, oder warten sie auf eine Ökodiktatur, der große Bevölkerungsgruppen dann die Beschneidung ihrer Rechte vorwerfen können?

Wie in der Koexistenz mit Covid-19 letztlich der Weg in die Zukunft aussieht, ist völlig ungewiss. Es ist ein Weg, den Milliarden Menschen mit häufig extrem widersprüchlichen Interessen gehen und prägen.

Gewiss ist allein: den Weg in eine friedvolle, menschenwürdige und naturverträgliche Zukunft werden wir nicht in der Denk- und Handlungsweise des Militanten oder der überzogenen Wettbewerbsideologie schaffen. Eine Ideologie, nach der der zweite Sieger bereits der erste Verlierer ist, kann niemals Frieden bringen.

„Si vis pacem para bellum" (Wenn du [den] Frieden willst, bereite [den] Krieg vor), erklären Militärstrategen seit Römerzeit und fordern stets mehr und neue Waffenarsenale. Doch ihr Friede ist der des Siegers. Sie denken und leben in den Kategorien von Wettkampf, Herrschaft, Macht und Gewalt. Schon ihre Sprache bringt ständig neue Gewalt in das Alltagsdenken der Menschen.

Sportveranstaltungen werden zu Schlachten, bei denen die Gegner zu besiegen sind. Politiker nutzen Wahlkämpfe und Redeschlachten, um die Gegner zu besiegen. Angriffe und Rückzüge gehören zu Strategie und Taktik von Unternehmen, Parteien und Fraktionen, um Markt- oder Wähleranteile zu erobern.

Die alte Tradition des Samuari aber zeigt ein anderes Bild. Sie sind zwar Schwertkämpfer, doch gehen sie nicht den destruktiven, gewaltorientierten Weg der Ninja. Zum Ehrenkodex der Samurai gehört die Suche nach dem Frieden. Einen Frieden, den sie im Inneren eigener Psyche wie im Äußeren des Sozialen und Gesellschaftlichen leben und um den sie kämpfen, falls es erforderlich ist.

Bei „Samurai" denkt auch heute niemand an „Schläger" oder „Feigling". Auf die Samurai trifft das archetypische Bild des Kriegers zu, der den Kampf nicht sucht, doch ihn um des Friedens willen nicht scheut. Als solcher Krieger, als solche Kriegerin können wir den Kampf um eine friedvolle Zukunft angehen und bestehen. Dazu brauchen wir weder Schwerter noch Gewehre oder gar Panzer. Unser Arsenal sollte bestehen in guter Sachkunde, Respekt und Zuneigung zu den Mitmenschen, Respekt vor der Natur und fundierte Methodenkompetenz.

So gewappnet mit den Fähigkeiten:
- Sachverhalte reflexionslogisch zu gliedern,
- Lösungsempfehlungen am menschlichen Maß auszurichten,
- das politische Wirkgefüge durch gezielte Impulse positiv zu beeinflussen,
- Rückschläge und Niederlagen resilient zu verarbeiten,
- geschult in respektvoller Kommunikation und
- erfahren in der gewaltfreien Entscheidungskultur des Konsensierens

treten moderne Krieger und Kriegerinnen an, um eine menschenwürdige, friedensreiche Zukunft zu kämpfen. Derartige Zukunftskrieger werden dringend gebraucht. Doch bleiben wir realistisch: diesen Weg werden nicht   alle gehen. Nicht einmal die Mehrheit einer Gesellschaft ist bereit zu solchem Kriegertum.

„Aus so krummem Holze, als woraus der Mensch gemacht ist, kann nichts ganz Gerades gezimmert werden." urteilte einst Immanuel Kant (1724 – 1804), deutscher Philosoph, über seine Mitmenschen.[36]

---

[36] *Quelle: Kant, Idee zu einer allgemeinen Geschichte in weltbürgerlicher Absicht, 1784, Sechster Satz*

Optimistischer stimmen da schon Forschungen des britischen Biologen Rupert Sheldrake (*1942). In kontrollierten Laborexperimenten zeigte er auf, dass bestimmte Tierarten ein „gemeinsames Intelligenzfeld" benutzen. Sobald genügend Mäuse in einer Gruppe gelernt hatten, den Weg aus einem Labyrinth zu finden, kennen plötzlich auch die restlichen Mäuse den kürzesten Weg.

Nun sind wir Menschen zum Glück keine Mäuse, doch sollten wir die Fähigkeiten dieser Tierchen nicht auch in uns haben?

Breite Möglichkeiten für die Bürger, sich in politische Entscheidungsprozesse einzubringen, können zu unterschiedlichen demokratischen Organisationsformen führen. Ob parlamentarische Viergliederung[37], Konsultative[38], ausgeloste Bürgerräte[39], später gar ein Lexikum[40] oder ein in Demen[41] verfasster demokratischer Staat ist meines Erachtens nachrangig. Entscheidend ist, ob und wie die politische Repräsentanz und Entscheidungsstruktur dem Anspruch moderner Demokratie gerecht wird:

• Beteiligung der Betroffenen an den Beratungen, Legitimation durch die Bürger und breite Akzeptanz der Entscheidungen.

Genügend kompetente, gewappnete Zukunftskrieger- und kriegerinnen als Vorkämpfer können den Weg weisen. Den Weg in eine Zukunft der Menschenwürde – erkämpft in Demokratie und Menschenwürde.

Bitte wappnen auch Sie sich und stellen sich damit erfolgreich immer wieder die Frage:

Was nun?

[37] Johannes Heinrichs, Revolution der Demokratie,MAAS Berlin, 2003
[38] Patrizia Nanz und Claus Leggewie, Die Konsultative,Klaus Wagenbach Berlin. 2018
[39] https://de.wikipedia.org/wiki/B%C3%BCrgerrat_Demokratie
[40] Erich Visotschnig, Nicht über unsere Köpfe, oekom München, 2018
[41] Nur mal angenommen...,S.282ff

Danke

Meine Freunde Christoph, Christian, Detlef, Heribert und Volker gaben als lektorierende Probeleser des Rohmanuskriptes wertvolle, konstruktive Hinweise zur Schlussredaktion.

Agnes Böing stand mir erneut als „Sparringspartnerin" und Korrekturleserin hilfreich zur Seite.

Ihnen ein herzliches Danke für ihr aus sehr unterschiedlichen Professionen gegebenes Feedback.

Danke auch an die Referentinnen der VHS Bocholt-Rhede-Isselburg für die engagierte Unterstützung des hoffentlich bald startenden Moderatorentrainings.

Zur Vertiefung

Bücher:

Fritjof Capra, **Verborgene Zusammenhänge**, Scherz, Bern, München, Wien, 2002

Christian Felber, **Gemeinwohl-Ökonomie**, Deuticke Wien 2010

Christian Felber, **This is not economy**, Deuticke Wien 2019

Arno Gahrmann mit Henning Osmers, **Zukunft kann man nicht kaufen**, Horlemann Bad Honnef, 2004

Johannes Heinrichs, **Revolution der Demokratie**, MAAS Berlin, 2003

Johannes Heinrichs, **Demokratiemanifest für die schweigende Mehrheit**, STENO München u.a., 2005

Johannes Heinrichs, Korai Peter Stemmann, **Das Enneagramm**, Beltz, Weinheim und Basel, 2015

Josef Hülkenberg, **Nur mal angenommen ... Demokratie ginge anders**, tredition Hamburg 2015

Heiko Kastner, **Mythos Marktwirtschaft**, SWI-Bochum, 2002

Erwin Rafael McManus, **Der Weg des Kriegers**, Herder Freiburg, 2020

Jaques Neirynck, **Der göttliche Ingenieur – die Evolution der Technik**, Lausanne 1986, dt. Renningen 1994

Helge Peukert, **Das Moneyfest**, Metropolis Marburg 2013

Papst Franziskus, **Mit Frieden gewinnt man alles**, Herder Freiburg 2019

Herbert Rauch, Alfred Strigl, **Die Wende der Titanic – Wiener Deklaration für eine zukunftsfähige Weltordnung**, oekom München 2005

Jürgen Schaefer, **Die Kunst des Querdenkens**, Dumont Köln 2012

Siegfried Schrotta u.a., **Lebendige Demokratie**, DANKE-Verlag Holzkirchen 2018

Joachim Sikora Hrsg., **Visionen-Reader I und II**, tredition Hamburg, 2012

Frederic Vester, **Vernetztes Denken**, Heyne München, 1989

Erich Visotschnig, **Nicht über unsere Köpfe**, oekom München 2018

Webseiten:

Netzwerke:

www.netzwerk-buergerbeteiligung.de

https://www.buergergesellschaft.de/
www.mitarbeit.de
https://www.transition-initiativen.org/

https://web.ecogood.org/de/

www.ökoligenta.de

https://wandelbuendnis.org/

Ideensammlungen:

https://wawwd.wordpress.com/

https://weconomycare.wordpress.com/blog-2/

Zum Autor

Josef Hülkenberg, Dipl.-Sozialpädagoge, Jahr. 1951 geht unge-
wöhnliche Wege, Menschen zu ihren Visionen, gesellschaftlichen
Vorstellungen oder Lösungen zu befragen und zu ermuntern.

Auf „Demokratie-Pilgerwegen" zog er 2007 und 2009 durch
Deutschland, um Gespräche zu führen mit Menschen zu ihren
Überlegungen über Politik und Demokratie.

Sein Haus in Köln hat er verkauft, den Hausrat verschenkt. Von
2008-2017 tourte er mit der „denk!BARmobil" durch Deutschland,
der Schweiz und Österreich. Unterwegs besuchte er Regionalpro-
jekte, hielt Seminare und Vorträge.

Seit 2017 wieder in seiner Heimatstadt Bocholt sesshaft geworden, engagiert er sich als freiberuflicher Erwachsenenbildner bei
verschiedenen Bildungsträgern. Seit Jugendtagen setzt er sich mit
den Grundfragen moderner Demokratie auseinander.

Er war Mitbegründer verschiedener regionaler und bundeswei-
ter Projekte. Seine Erfahrungen bringt auf den Nenner:

+* Positives multiplizieren – und Leben gewinnt

www.huelkenberg.de
www.denkbar-mobil.de

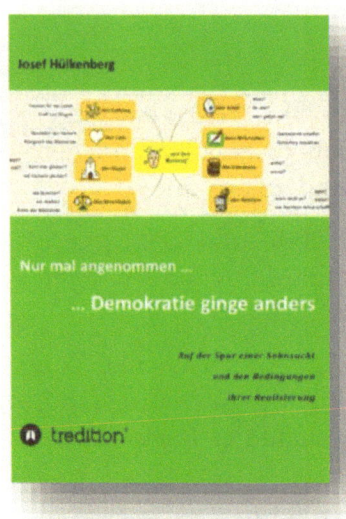

Überarbeitete und erweiterte Neuauflage Mai 2016

Paperback

14,99 € inkl. MwSt

Seitenzahl: 344

ISBN: 978-3-7345-3269-6

Auch als e-Book und Hardcover erhältlich

www.tredition.de/ buchshop/ *Politik & Geschichte*

Nur mal angenommen...
...Demokratie ginge anders

Auf der Spur einer Sehnsucht und den Bedingungen ihrer Realisierung

Josef Hülkenberg

Welche Botschaft bricht sich Bahn, wenn sich Menschen massenhaft für Volksabstimmung, Bürgerbeteiligung und partizipative Demokratie engagieren?

Es ist eine Herausforderung an jede Demokratieform, die Selbstregulation der Gesellschaft freier Menschen zu organisiere. Der dazu förderlichen Aufbau des Staates ist in den Kompetenzen der Bürger und der dadurch ausgelösten gesellschaftlichen Dynamik zu verankern.

Mit leichter, oft humorvoller Sprache führt der Autor den Leser ein in die abenteuerliche Welt der Demokratiereform.

Weitere Bücher des Autors bei tredition:

- **Protokoll eines vermeidbaren Todes**, 2012

  Reflexionen abseits betreuten Denkens:
- **Empörung allein schafft kein Gemeinwohl**,
  2012 (2.Auflage 2017)
- **Abschied vom betreuten Denken**
  2012 (2.Auflage 2017)
- **Frei zu leben**
  2012 (2.Auflage 2017)

- **Der Würde wegen**, 2016

FSC
www.fsc.org
MIX
Papier | Fördert
gute Waldnutzung
FSC® C083411

Zeitfracht Medien GmbH
Ferdinand-Jühlke-Straße 7
99095 Erfurt, Deutschland
produktsicherheit@kolibri360.de